GEFALLENE HELDEN:
Afrikanische Führer, deren Ermordung den Kontinent Verwirrte und Ausländische Interessen Begünstigte Taschenbuch

Janvier T. Chando

TISI BOOKS

NEW YORK, RALEIGH, LONDON, AMSTERDAM

VERÖFFENTLICHT VON TISI BOOKS
www.tisibooks.com

ISBN-13: 979-8-62-687017-6
ISBN-10: 8-62-687017-5

VERÖFFENTLICHT VON TISI BOOKS

www.tisibooks.com

NEW YORK, RALEIGH, LONDON, AMSTERDAM

Gedruckt in den Vereinigten Staaten von Amerika

Sachbücher von Janvier T. Chando

IKONEN UND BÖSEWICHTE: Jüngste Politische Attentate…
GEFALLENE HELDEN: Afrikanische Führer, deren Attentate...
UKRAINE: Das Tauziehen zwischen Russland und dem Westen
KAMERUN: Frankreichs Dysfunktionales Marionetten System in Afrika
KAMERUN: Das Heimgesuchte Herz Afrikas

Fiktionstitel von Janvier Chando

Der Usurpator: und andere Geschichten
Triple Agent, Doppel kreuz
Jünger des Vermögen
Die Union Muschik
Blitz der Sonne
Vermögen Ruft
Meister des Vermögen
Kinder des Vermögen
Großmütter und Perfekte Liebe
Verliebt Sein und Weise Sein
Die Feuer und Eis Legende
Der Süßeste Wahnsinn
Das Hunger Feuer
Die Schatten des Feuers
Vater und Söhne
Der Arzt
Dunkle Schatten
Schicksalhafte Krawatten
Das Urteil des Hades
Prozess Gegen Seine Majestät
Ngokos Torheit
Der Usurpator
Die Mitgift
Ich bin gehasst
Der Lümmel

Kommende Titel von Janvier Chando

Die Heim-Herumtreiber
Der Weiße Falke
Die Norilsk Bären
Sterbliche Freunde

EPIGRAPH

„Über das Vorsehung können wir nur nachdenken. Aber das Schicksal können wir beeinflussen.“
　　　—CHRISTOPHER NKWAYEP-CHANDO

WIDMUNG

Das Buch ist allen berühmten und legendären Führungspersönlichkeiten Afrikas gewidmet, deren Ziel es war, ihrem Volk und der Welt zu dienen und das Wohlergehen der Menschheit zu fördern, besonders diejenigen, die ihre historischen Missionen nicht verwirklichen konnten, weil die bösen Mächte dieser Welt sie töteten.

ANERKENNUNG

Mein tiefster, wärmster und ewiger Dank geht an Dr. Samuel F. Tchwenko und Christopher N. Chando, die mich auf dem Weg zur Verbesserung der Menschheit herausgefordert haben.

GEFALLENE HELDEN:
Afrikanische Führer, deren Ermordung den Kontinent Verwirrte und Ausländische Interessen Begünstigte

Taschenbuch

Contents

Karten

Politische Karte der Afrikanischen Länder

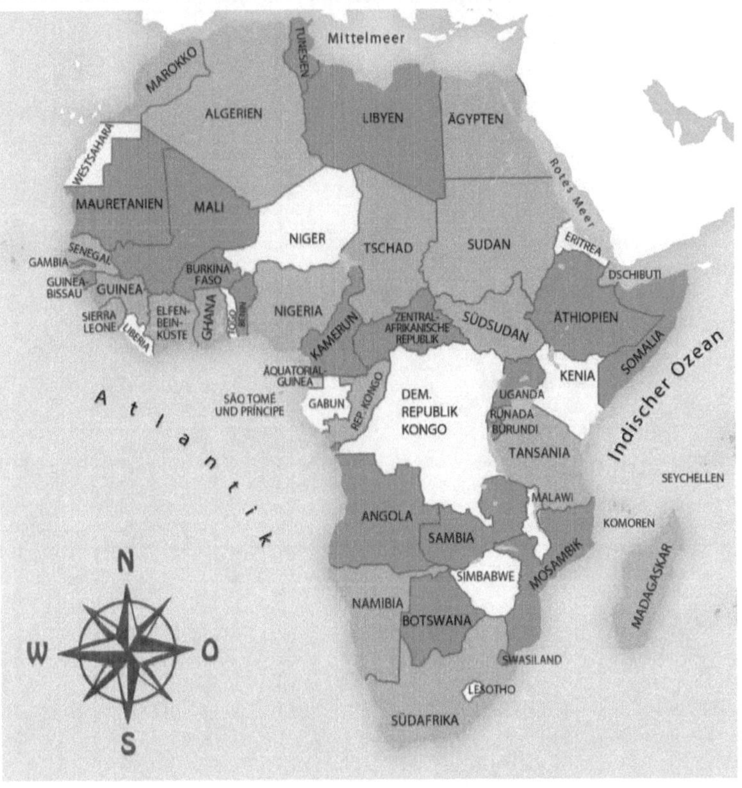

Teilungs Karte von Afrika: 1884-1914

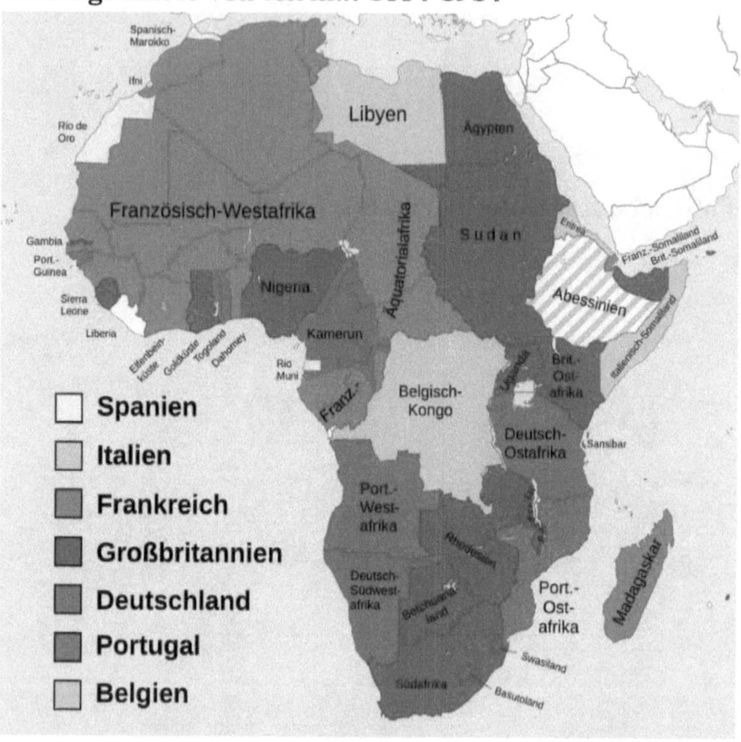

Unabhängigkeits Karte der Afrikanischen Länder

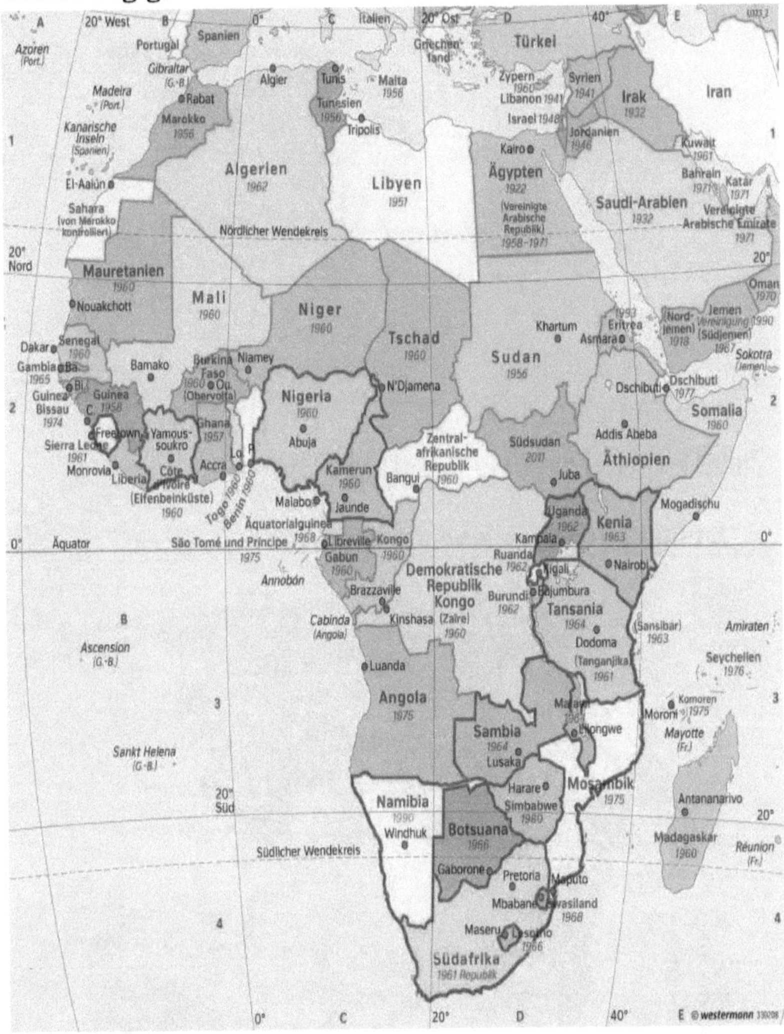

Das Maß der Freiheit der Länder der Welt

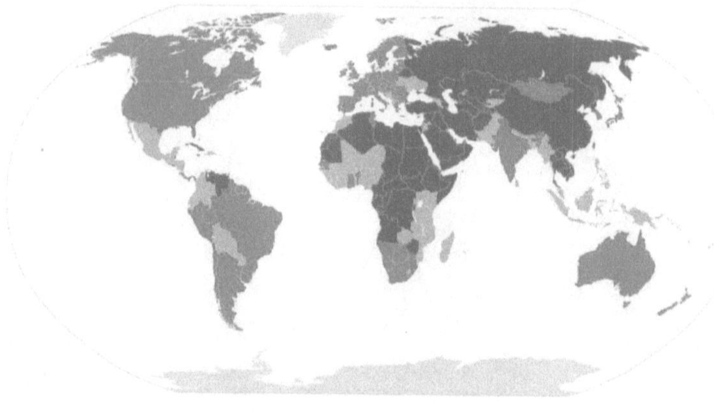

Demokratie Index Karte von Afrika

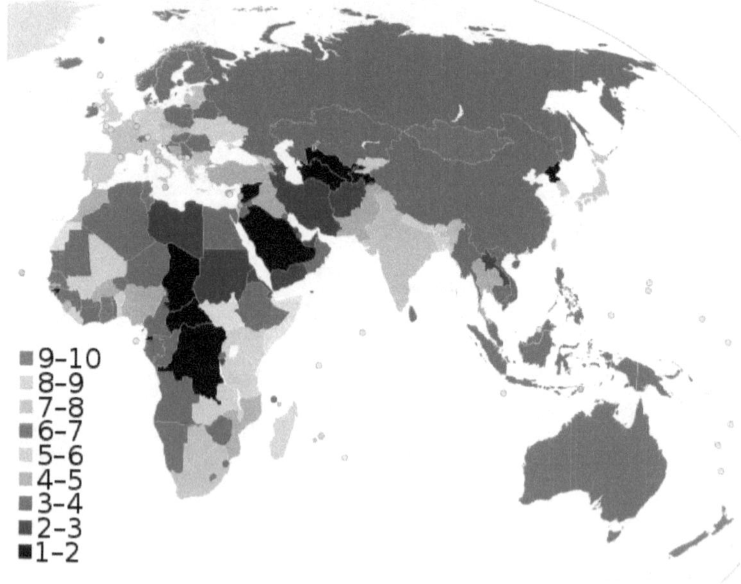

Der Einsatz politischer Attentate gegen führende Politiker
von Befreiungsbewegungen hat den Lauf der Geschichte in
Afrika und im Nahen Osten entscheidend beeinflusst. Das
verkörperte ist nicht das größte der getöteten Führer der
Dritten Welt, aber es hat auch die Hoffnung auf einen
politischen Wandel.

- Victoria Brittain

PROLEGOMENON

Kein Kontinent litt so sehr unter den entsetzlichen Folgen der Sklaverei wie Afrika; kein Kontinent wurde vom Kolonialismus so schwer getroffen wie die wichtigste zusammenhängende Landfläche, dass die Wiege der Zivilisation ist; und kein Kontinent wurde ausgebeutet und wird ausgebeutet wie der zweitgrößte und bevölkerungsreichste Landmasse der Welt. Wenn wir die Tatsache berücksichtigen, dass der Afrikanische Kontinent mehr Ressourcen als die anderen hat; wenn wir die harte Realität verdauen, dass es sich um die am wenigsten entwickelte der größten zusammenhängenden Landflächen der Welt handelt; und wenn wir beobachten, dass es von einer unglaublichen Trennung zwischen den herrschenden Eliten und den Massen heimgesucht wird, dann werden wir mit vielen unvermeidlichen Fragen konfrontiert, wie zum Beispiel:

- Warum befindet sich Afrika in einem so erbärmlichen Zustand?
- Ist der Kontinent nicht in der Lage, Führer zu finden, die ihn aus seiner gegenwärtigen Sackgasse und vergeblichen Übereinstimmung in eine Zukunft führen, die das Wohlergehen des Afrikanischen Volkes fördern würde?
- Sind Panafrikanistischen(Afrikaner, die sich

selbstlos für das Wohlergehen und die Entwicklung des Landes und seiner Bevölkerung einsetzen) in der Lage, die wenigen einheimischen Diktatoren und die Kräfte, die die Afrikanischen Marionetten kontrollieren zu überwinden — politische Führungen und etablierte politische Einrichtungen durch fremde Mächte und fremdes Interesse — und damit die lang ersehnte Realität eines "Neuen Afrika" herbeiführen, das wirtschaftlich geeint, politisch integriert ist und hat die Kontrolle über seine Souveränität?

Der erste Absatz beantwortet gewissermaßen die erste Frage. Die Antworten auf die zweite und die dritten Fragen sind aus den offensichtlichen Gründen zu bejahen. Panafrikanistischen dominierten in den 1950er und 1960er Jahren die Geschichte Afrikas, und viele von ihnen wurden von den Kolonialmächten und ehemaligen Kolonialmächten oder ihren Agenten getötet. Tatsächlich wurden zwischen 1961 und 1973 sechs Afrikanische Unabhängigkeitsführer von ihren ehemaligen Kolonialherren ermordet.

Wenn es nicht traurig wahr wäre die Liste der getöteten Führer Afrikanischer Unabhängigkeitsbewegungen und die Geschichten hinter ihren Toten oder Ermordungen ein Spionage-Bestseller.

Der erste große Test zur Ermordung des Führers einer Afrikanischen Unabhängigkeitsbewegung begann in Kamerun nach der Rückkehr von General Charles De Gaulle an die Macht im Juni 1958. Wir sprechen hier von der Ermordung von Ruben Um Nyobe am 13. September 1958. Er war der Führer der "Union der Bevölkerungsgruppen der Kamerun" (UPC—*Union des populations du Cameroun*), einer staatsbürgerlich-nationalistischen politischen Partei, die sich für die Wiedervereinigung und Unabhängigkeit von Französisch-Kamerun und Britisch-Kamerun einsetzte (Gebiete der ehemaligen Deutschen Kamerun, die zwischen aufgeteilt waren Frankreich und Großbritannien nach der Niederlage Deutschlands im Ersten Weltkrieg).

Zwei Jahre nach dem grausamen politischen Mord an Um Nyobe wurde Kamerun erneut traumatisiert. Dies war die Ermordung von Ruben Um Nyobes Nachfolger und zweitem Führer der UPC, Dr. Felix Moumié. Er starb am 3. November 1960 in Genf an einer Thallium Vergiftung, die der Französische Geheimagent William Bechtel beim Abendessen in einem Restaurant in der Schweizer Stadt verabreicht hatte. Der Franzose indem er sich als Journalist ausgibt hatte das Vertrauen des Kameruners gewonnen.

Dann wäre da noch Patrice Lumumba, der Premierminister des neuen unabhängigen Kongo, der grausam verheerte ehemalige belgische Kongo, der von 1885-1908 als "Freistaat Kongo" bekannt war — im Wesentlichen der Privatbesitz des belgischen Königs Leopold II— wo mehr als die Hälfte der Bevölkerung starb an den Folgen der Ausbeutung der Bodenschätze. Der Tod von Lumumba, an dem vier große westliche Länder und ihre Agenten im Kongo beteiligt sind, ist die häufigste Ursache für die chronische Krankheit dieses Landes, das sich wie Kamerun noch nicht von dem Trauma erholt hat, das es in den ersten Jahren seiner sogenannten Unabhängigkeit erlitten hat.

Sylvanus Olympio, der Führer von Togo, würde 1963 getötet, kaum zwei Jahre nach der Ermordung von Patrice Lumumba.

Auf den Tod von Sylvanus Olympio folgt kurz darauf der Tod von Mehdi Ben Barka, dem Führer der Marokkanischen Oppositionsbewegung, der 1965 in Frankreich entführt wurde und dessen Leiche seitdem nicht gefunden wurde.

Eduardo Mondlane, der Führer von Mosambiks FRELIMO (*Frente de Libertação de Moçambique* — Befreiungsfront von Mosambik), der für die Unabhängigkeit der Kolonie von der Portugiesischen Herrschaft kämpfte, würde 1969 an einer Paketbombe sterben.

Die Ermordung von Amilcar Cabral, der Führer der Afrikanischen Partei für die Unabhängigkeit von Guinea und Kap Verde (*Partido Africano da Independência da Guiné e Cabo Verde* oder PAIGC), der West Afrikanischen Befreiungsbewegung gegen die Portugiesische Kolonialherrschaft in Guinea Bissau und Kap Verde würde den Übergang einer neuen Phase des Neokolonialismus zu einläuten, die von Marionettendiktatoren auf dem Kontinent dominiert wird, die wenig oder gar keinen Rückschlag von den Panafrikanisten erleiden würden, außer im Fall von Guinea-Bissau, Angola, Mosambik, Namibia und Südafrika unter portugiesischer Kolonialherrschaft bzw. unter der quasi-kolonialen Herrschaft der Apartheid in Südafrika.

In den letzten sechs Jahrzehnten gab es mehrere andere traumatisierende Attentate auf fortschrittliche afrikanische Politiker. Die folgenden waren jedoch die am meisten nachhallenden mit unbeabsichtigten Konsequenzen, da das Erbe dieser gefällte Afrikanischen Helden sich täglich ausdehnt, um die Grundlage für die Wiedergeburt des Panafrikanismus zu werden, des Ideals, um das sich die Wirtschaftsunion und die politische Integration Afrikas entwickeln würden realisiert.

Kapitel Eins

Patrice Lumumba

Syrien ist schlimm genug, es ist eine ziemlich schreckliche Gräueltat. Aber es gibt viel schlimmer auf der Welt. So waren zum Beispiel die schlimmsten Gräueltaten in den letzten zehn Jahren im Kongo, dem OstKongo, wo vielleicht 5 Millionen Menschen getötet wurden.

Noam Chomsky — 8. Oktober 2013

Zitate Von Patrice Lumumba

„Die Kolonialisten kümmern sich nicht um Afrika. Sie werden von Afrikanischen Reichtümern angezogen und ihr Handeln wird von dem Wunsch geleitet, ihre Interessen in Afrika gegen die Wünsche des Afrikanischen Volkes zu wahren. Für die Kolonialisten sind alle Mittel gut, wenn sie ihnen helfen, diesen Reichtum zu besitzen."

„Der Tag wird kommen, an dem die Geschichte sprechen wird. Aber es wird nicht die Geschichte sein, in Brüssel, Paris, Washington oder in den Vereinten Nationen gelehrt wird… Afrika wird seine eigene Geschichte schreiben und sowohl im Norden als auch im Süden wird es eine Geschichte von Ruhm und Würde sein."

„Politische Unabhängigkeit hat keine Bedeutung, wenn sie nicht von einer raschen wirtschaftlichen und sozialen Entwicklung begleitet wird."

„Ohne Würde gibt es keine Freiheit, ohne Gerechtigkeit gibt es keine Würde, und ohne Unabhängigkeit gibt es keine freien Menschen."

„Ein Minimum an Komfort ist notwendig, um Tugend zu üben."

„Das Einzige, was wir für unser Land wollten, ist das Recht auf ein würdiges Leben, auf Würde ohne Vorwand, auf Unabhängigkeit ohne Einschränkungen. Dies war niemals der Wunsch der Belgischen Kolonialisten und ihrer westlichen Verbündeten...

„Diese Spaltungen, die die Kolonialmächte immer ausgenutzt haben, um uns zu dominieren, haben eine wichtige Rolle beim Selbstmord Afrikas gespielt, und spielen diese Rolle immer noch."

„Wir wissen, dass Afrika weder Französisch noch Britisch noch Amerikanisch oder Russisch ist, dass es Afrikanisch ist. Wir kennen die Objekte des Westens. Gestern haben sie uns auf der Ebene eines Stammes, eines Clans und eines Dorfes aufgeteilt. Sie wollen antagonistische Blöcke, Satelliten erschaffen..."

„Niemand ist perfekt in dieser unvollkommenen Welt."

„Afrikanische Einheit und Solidarität sind keine Träume mehr. Sie müssen in Entscheidungen zum Ausdruck gebracht werden."

„Die Befreiung des Geistes des afrikanischen Volkes wird ein härterer Kampf sein als die Ausrottung der Kolonialregime der Siedler."

Kongo auf einer Weltkarte

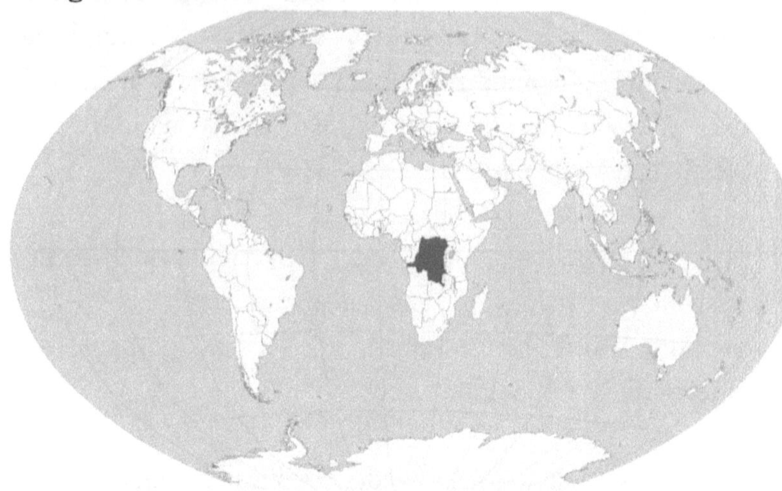

Verwaltungskarte des Kongo (1960)

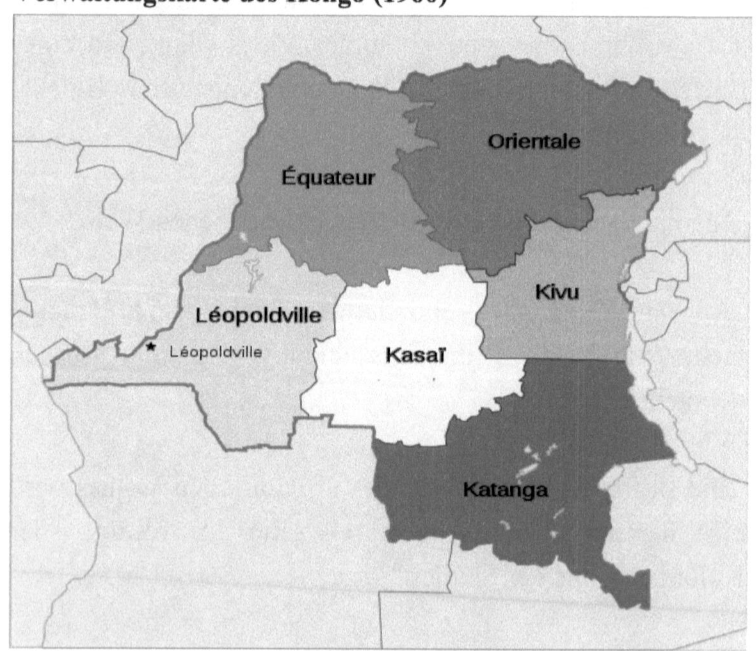

Verwaltungskarte der Demokratischen Republik Kongo (2019)

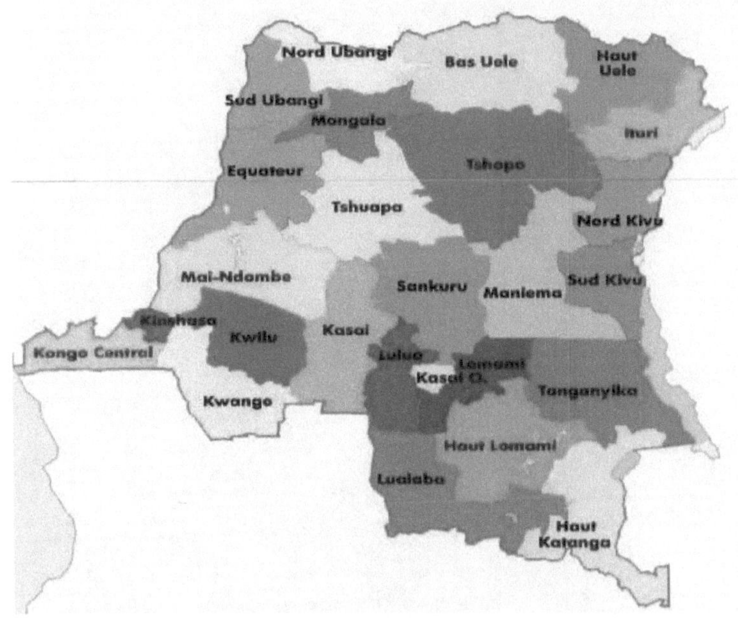

Die Natürlichen Ressourcen der ZentralAfrikanischen Region

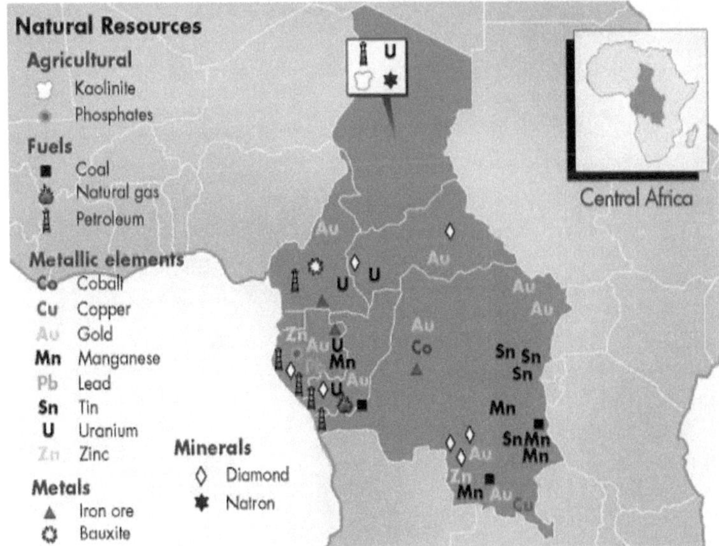

Politische Karte der Afrikanischen Länder

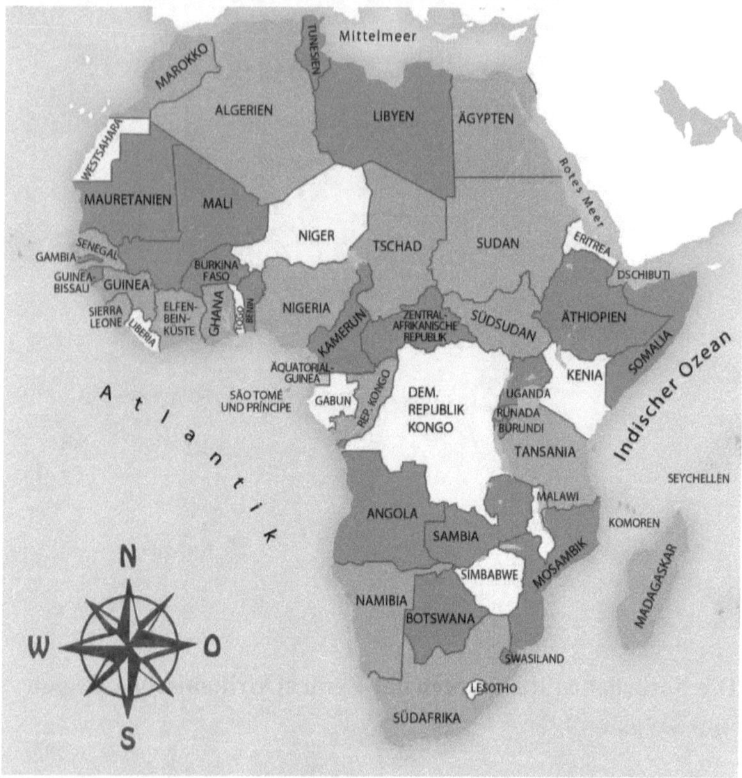

Unabhängigkeit Karte der Afrikanischen Länder

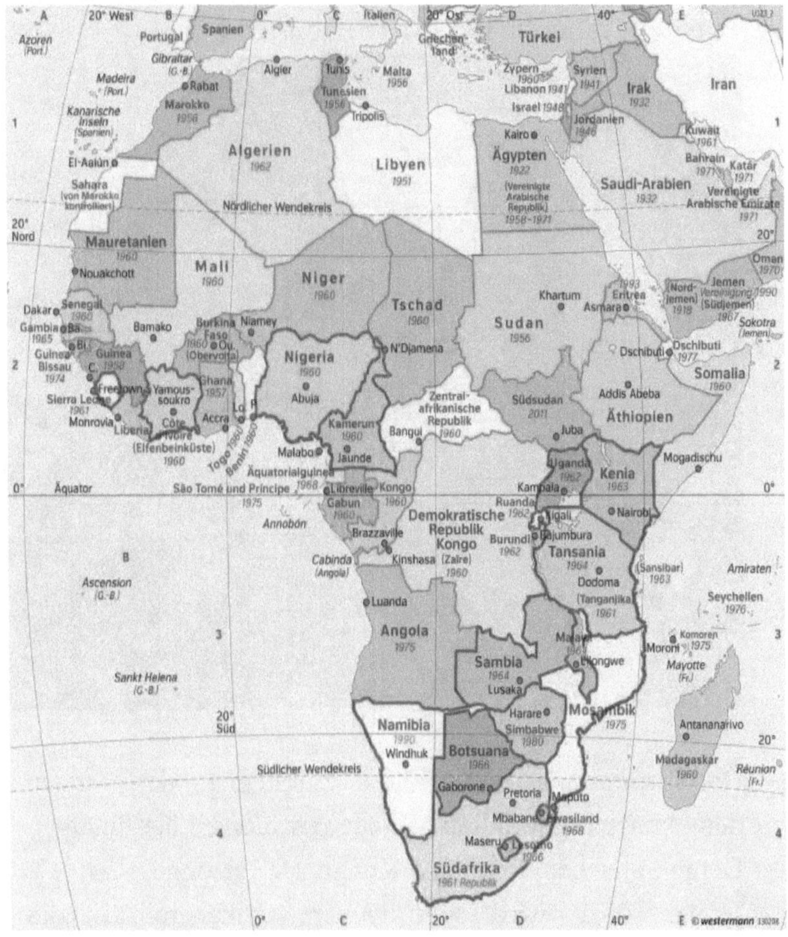

Patrice Lumumba kurz vor seinem Tod

Die Ermordung von Patrice Lumumba, dem ersten demokratisch gewählten Ministerpräsidenten der heutigen Demokratischen Republik Kongo (DR Kongo), am 17. Januar 1961 wird von vielen Afrikanern als die "wichtigste Ermordung des 20. Jahrhunderts" angesehen, weil sie das Land zerstört, hat Land, polarisiertes und gelähmtes Afrika, und weil es zu einer Uneinigkeit führte, von der sich der Kontinent noch nicht erholt hat.

Dieses abscheuliche Verbrechen war der Höhepunkt von zwei miteinander verwandten Mordanschlägen durch Elementen der Amerikanischen und Belgischen Regierung, die Kongolesische Komplizen und eine belgische Hinrichtungstruppe einsetzten, um den Anführer dieser Säuglingsnation im Herzen Afrikas zu töten, die gerade am 30. Juni 1960 ihre Unabhängigkeit von Belgien erlangte.

Historiker, Soziologen und Geopolitiker sind sich einig, dass der Kongo das am meisten traumatisierte Land in Afrika und der Welt ist und dass Patrice Lumumbas Ermordung von allen Grausamkeiten, die der Kongo in seiner missbrauchten Geschichte erlebt hat, die grausamste Tat war. Tatsächlich wird es zu Recht als die Erbsünde des Landes angesehen.

Das Attentat fand weniger als sieben Monate nach der Unabhängigkeit dieses Territoriums statt, das 7,7% der Landmasse Afrikas einnimmt. Der Akt wurde zu einem Stolperstein in der Hoffnung, die hohen Ideale der Kongolesischen nationalen Einheit, des materiellen Wohlstands, der Demokratie, der wirtschaftlichen Unabhängigkeit, der Freiheit und der Panafrikanischen Solidarität, die Lumumba verfochten hatte.

Was besonders auffällt, ist die Tatsache, dass seine Ermordung war ein erschütternder Schlag für die Hoffnungen, Träumen und Bestrebungen von Millionen Kongolesen einen erschütternden Schlag versetzte und eine noch größere Zahl von Afrikanern auf dem gesamten Kontinent desillusionierte.

Die Tatsache, dass eine der größten Universitäten der Sowjetunion – die Volksfreundschaftsuniversität Russlands – die am 5. Februar 1960 gegründet wurde, am 22. Februar 1961 in „The Patrice Lumumba University" umbenannt wurde, und die Tatsache, dass diese Institution der Höheren Lernen hat, fast hunderttausend Ausländer ausgebildet, die meisten davon Afrikaner, unterstreicht die historische Bedeutung des Todes des jungen Afrikaners für Afrika und den Rest der Welt während des Kalten Krieges.

Wie sich herausstellt, liegt die historische Bedeutung des Attentats in einer Vielzahl von Faktoren, von denen die zu dieser Zeit relevantesten auf den folgenden beruhten:

- der globale Kontext, in dem es stattfand (Präsident Eisenhower autorisierte das Attentat und die CIA führte seine Entführung und Überstellung durch; die Vereinten Nationen, ihr Generalsekretär Dag Hammarskjöld, die Sowjetunion und die britische M16 waren an der Tragödie beteiligt; und die Belgier leiteten seinen Mord und den seiner beiden Mitarbeiter (Verbündete Maurice Mpolo und Joseph Okito), bevor sie später die Leichen loswurden, indem sie sie ausgruben und in Schwefelsäure auflösten und dann die Knochen zermahlen und zerstreuten)

- seine Auswirkungen auf die Kongolesische Politik seitdem

- und Lumumbas gesamtes Erbe als staatsbürgerlich-nationalistische Führungspersönlichkeit und Panafrikanische Ikone. Schließlich arbeitete er mit Félix Moumié zusammen, dem Kamerunischen Führer der Befreiungsbewegung, den der Französische Geheimdienst (SDECE) am 3. November 1960 in Genf vergiftet hatte.

****

Eine in der geopolitischen Sphäre vorherrschende Frage ist:

Warum haben sich die USA, Großbritannien, Frankreich und Belgien an der Ermordung des ersten demokratisch gewählten Führers im Kongo beteiligt?

Alles begann im April 1884, sieben Monate vor dem Berliner Kongress, als die Vereinigten Staaten von Amerika als erstes Land der Welt die Ansprüche des Belgischen Königs Leopold II. Auf die Gebiete des Kongobeckens anerkannten. Diese Gebiete wurden als Kongo-Freistaat bekannt. König Leopold II. Regierte es als sein Privateigentum und bediente sich einer kleinen Gruppe weißer Administratoren, die aus ganz Europa stammten.

Teilungskarte von Afrika

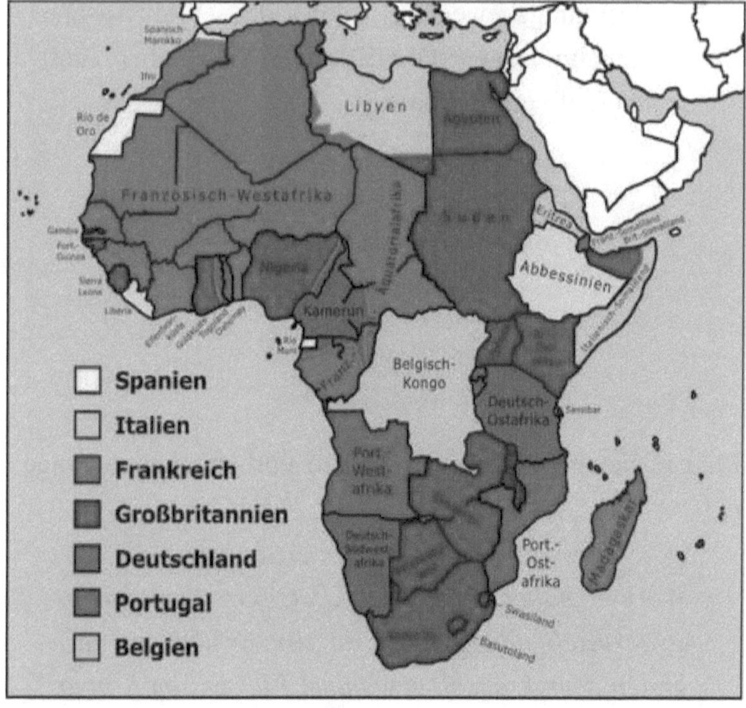

Der Freistaat Kongo machte König Leopold II. Zu einem
der reichsten Monarchen der Welt, eine übergroße
Leistung, da er der König von Belgien war, einem so
kleinen Land in der Nachbarschaft mächtiger geopolitischer
Einheiten wie der Briten und Deutschen, Russische und
Österreichisch-Ungarische Reiche. Aber der Reichtum des
Belgischen Königs wurde zu einem enormen Preis für die
einheimische Afrikanische Bevölkerung angehäuft, da die
Bevölkerung gezwungen war, unbezahlte Arbeit zu leisten,
die sich nicht von der Sklaverei unterschied, bei der
Ausbeutung   der   Bodenschätze,   Wälder   und
landwirtschaftlichen Ressourcen des Landes für den

Belgischen Monarchen. Als jedoch die Gräueltaten im Zusammenhang mit der brutalen wirtschaftlichen Ausbeutung im Kongo-Freistaat von König Leopold II zu Millionen Todesopfern führten, schlossen sich die Vereinigten Staaten von Amerika anderen Weltmächten an und zwangen den Belgischen Staat, den Kongo-Freistaat als reguläre Kolonie zu übernehmen und zu stoppen das Töten und das Verstümmeln der einheimischen Kongolesischen Bevölkerung — ein Völkermord an sich.

Erst nach der Umwandlung des Kongo in eine reguläre Kolonie erwarben die Vereinigten Staaten von Amerika eine strategische Beteiligung an dem enormen natürlichen Reichtum des Territoriums. Tatsächlich verwendeten die USA das Uran aus Kongolesischen Minen, um die ersten Atomwaffen herzustellen, die in den japanischen Städten Hiroshima und Nagasaki eingesetzt wurden, was zu einem abrupten Ende des Zweiten Weltkriegs im Pazifik führte.

Die strategische Bedeutung des rohstoffreichen Kongo im Besonderen und des rohstoffreichen Afrikas im Allgemeinen, insbesondere um den Alliierten zu helfen, den Zweiten Weltkrieg zu gewinnen, wurde später zu einem Fluch, als der Kontinent die Unabhängigkeit von seinen Kolonialherren anstrebte.

Dies war zu einer Zeit, als der Kalte Krieg die Geopolitik dominierte. Amerika und seine westlichen Verbündeten beschlossen, den Kolonien die Unabhängigkeit in Ordnung zu geben, aber nicht die Art von Unabhängigkeit, von der der Rest der Welt wusste. Die Westmächte waren nicht bereit, den Menschen in den afrikanischen Kolonien eine effektive Kontrolle über die strategischen Rohstoffe in ihren Territorien zu überlassen, aus Angst, dass diese Vermögenswerte in die Hände der Länder des sowjetischen oder kommunistischen Lagers fallen könnten. Aus diesem Grund sahen die westlichen Interessen eine Bedrohung in Patrice Lumumbas Entschlossenheit, eine echte Unabhängigkeit für den Kongo zu erreichen und die Ressourcen des Landes für die Entwicklung der aufstrebenden Nation und die Verbesserung der Lebensbedingungen des Kongolesischen Volkes voll unter Kontrolle zu bringen.

Die Natürlichen Ressourcen der ZentralAfrikanischen Region

Um Patrice Lumumba aufzuhalten, ließen die Vereinigten Staaten von Amerika und Belgien nichts unversucht, einschließlich des Einsatzes des Sekretariats der Vereinten

Nationen unter Dag Hammarskjöld und Ralph Bunche, des Kaufs der Unterstützung der Kongolesischen Rivalen von Lumumba, des Schweigens einiger afrikanischer Führer, die unterstützte Lumumba und das Panafrikanische Ziel, das er teilte, sowie den Kauf von angeheuerten Mördern (Söldner), um das Hindernis für ihre reibungslose Kontrolle über den Kongo zu beseitigen, Ein Land, das sie als quasi unabhängigen Staat sehen wollten, Das ist unterworfen den westlichen Führern, den westlichen Ländern und den westlichen Interessen.

****

Gleich nach der Erteilung der Unabhängigkeit an den Kongo am 30. Juni 1960 untergruben Belgien und seine westlichen Verbündeten die Stabilität des aufstrebenden Landes, indem sie eine virulente Opposition gegen die Regierung von Lumumba unter Einsatz westlich gestützter Kongolesischer Politiker ermutigten. Tatsächlich stand der Kongo im Dezember 1960 unter vier getrennten Regierungen, von denen drei unter dem Einfluss der Anti-Lumumba-Fraktionen standen, die von den Westmächten unterstützt wurden. Diese Rivalen waren:

- die Zentralregierung in der Kongolesischen Hauptstadt Léopoldville (Kinshasa)
- eine rivalisierende Zentralregierung, die von

Lumumbas Anhängern in Stanleyville (Kisangani) gegründet wurde

- ein sezessionistisches Regime in der mineralreichen Provinz Katanga unter der Führung von Moise Tshombe
- und eine weitere Sezessionsverwaltung in der Provinz South Kasai unter der Führung von Albert Kalonji.

Nach der Ermordung von Patrice Lumumba ein halbes Jahr nach der Gewährung der Unabhängigkeit für den Kongo, nachdem sie das, was die westlichen geopolitischen Akteure als größte Bedrohung für ihre Interessen im neuen Land empfanden, von der Macht entfernt hatten, Belgien, Großbritannien, Frankreich und die Vereinigten Staaten von Amerika leiteten internationale Bemühungen, um die Autorität des gemäßigten und pro-westlichen Regime in Kinshasa im gesamten Kongo zu verbreiten. Es war eine zweigleisige Strategie, die den Einsatz der neuen westlich geschaffenen Kongolesischen Armee unter dem Kommando des westlich unterstützten Regimes von Mobutu Sese Seko und den Einsatz von Friedenstruppen der Vereinten Nationen beinhaltete. Die Strategie war so effektiv, dass die Lumumbistische Hochburg im Osten des Landes um Kisangani im August 1961 fiel. Die Region Süd Kasai kapitulierte im September 1962, und die Abspaltung der Region Katanga wurde im Januar 1963 rückgängig gemacht.

Die Kongokrise von 1960-1961

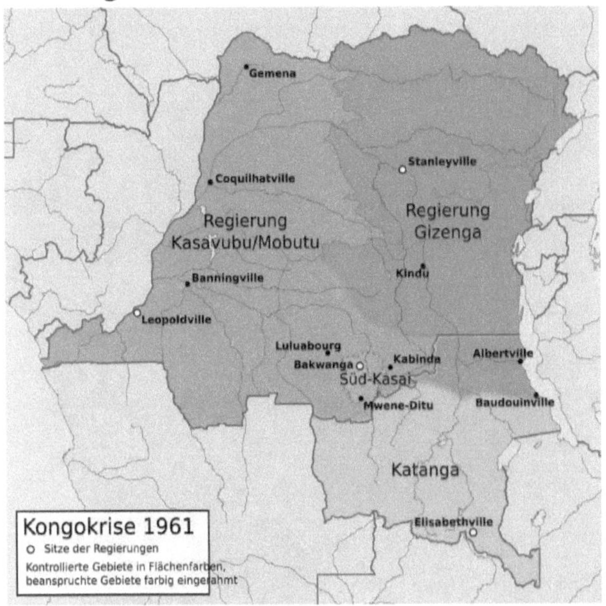

Nachdem die Westmächte den neu unabhängigen Kongo zerstört hatten, um Lumumba zu untergraben, nachdem sie Lumumba ermordet und eine Marionettenregierung eingesetzt hatten, um das Land wieder zu vereinen und zu stabilisieren, waren sie überrascht, als eine radikale soziale Bewegung für eine "zweite Unabhängigkeit" entstand und forderte den neokolonialen Staat und seine pro-westliche Führung heraus. Es war eine Massenbewegung von Arbeitern, niederen Beamten, städtischen Arbeitslosen, Bauern und Studenten. Sie wurden von Lumumbas Leutnants geführt, die sich größtenteils in der ehemaligen Französischen Kongolesischen Hauptstadt Brazzaville gegenüber der ehemaligen Belgischen Kongolesischen Hauptstadt Kinshasa über den Fluss Kongo versammelt hatten.

Karte der Simba-Rebellion

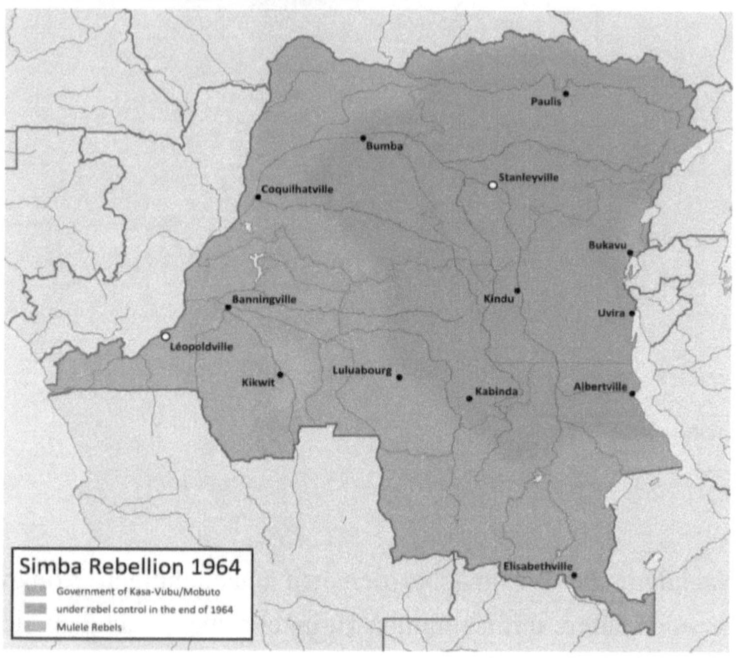

Im Oktober 1963 gründeten diese Lumumbisten einen National Liberation Council (CNL) mit dem Ziel, das Mobutu-Regime zu stürzen und einen neuen Kongo zu schaffen. Sie wurden so ernst genommen, dass die Sowjetunion ihnen militärische Unterstützung gewährte. Einige der wenigen überlebenden Panafrikanischen Regierungen auf dem Kontinent leisteten ebenfalls Unterstützung. Sogar Ernesto Che Guevara, die Argentinische Revolutionsikone und Stellvertreter von Fidel Castro aus Kuba, gründete eine Basis im Kongo, um diesen Lumumbisten und Antineokolonialisten zu helfen.

Als Che Guevara 1964 schrieb, dass:

„Wir müssen vorankommen und unermüdlich gegen den Imperialismus vorgehen. Wir müssen aus der ganzen Welt Lehren ziehen, die sich die Ereignisse leisten. Der Mord an Lumumba sollte uns allen eine Lehre sein... ",

Er begann die Unsterblichkeit von Patrice Lumumba, nachdem er bei seiner Kongo-Expedition gescheitert war, die Lumumbisten gegen das westliche Marionettenregime von Mobutu Sese Seko aufzurütteln, der den Kongo während seiner dreieinhalb Jahrzehnte Herrschaft nicht nur verarmte, aber wer wurde auch reicher als das Land, das er falsch regierte.

****

Auf allen Kontinenten der heutigen Welt gibt es eine Fülle von Straßen, Parks, Plätzen, Flughäfen, Statuen und anderen Infrastrukturen, die den Namen Lumumba zu Ehren eines Altruisten tragen, der eine fortgeschrittenere Form des staatsbürgerlichen Nationalismus namens Gewerkschaftsnationalismus angenommen, verschrieben hat. der sich gegen die Teilung seines Landes nach ethnischen oder regionalen Grenzen stellte und der den Panafrikanismus und die Befreiung aller Kolonialgebiete nicht nur in Afrika, sondern auch im Rest der Welt unterstützte.

Patrice Lumumbas Vermächtnis dient auch heute als Inspiration für die Kongolesische Politik, da Dutzende politischer Parteien ihren Glauben an seine Ideen des "Positiven Neutralismus" bekunden, der eine Rückkehr zu Afrikanischen Werten befürwortet und jede importierte Ideologie, einschließlich der Ideologie der USA, ablehnt Sowjetunion:

"Wir sind keine Kommunisten oder Katholiken. Wir sind Afrikanische Nationalisten", sagte Patrice Lumumba einmal.

Panafrikanistischen (diejenigen, die von einer künftigen Afrikanischen Wirtschaftsunion mit einem integrierten politischen System und einer militärischen Struktur träumen) schätzen das Erbe von Lumumba und stellen ihn neben Kwame Nkrumah aus Ghana, Sekou Touré aus Guinea, Julius Nyerere aus Tansania und die Kamerunischen Führer der historischen UPC-Partei von 1948-1970 — die während ihres Kampfes gegen den Französischen Kolonialismus und Neokolonialismus ermordet wurden, der zur Vereinigung und Unabhängigkeit des Landes führte — als Ikonen der Ära des afrikanischen Unabhängigkeitskampfes, die den Samen für die Afrikanische Union säte, die noch verwirklicht werden muss.

Am 31. Mai 1997 gelangte ein Lumumbist an die Macht, nachdem er einen umfassenden Aufstand gegen die Herrschaft der angeschlagenen Mobutu angeführt hatte unter dem Banner der Allianz der Demokratischen Kräfte für die Befreiung des Kongo-Zaire (ADFL), mit Unterstützung von Ruanda, Uganda und Burundi, damit Endung der Erste Kongokrieg. Dadurch Es war eine Meisterleistung, dass die ADFL nur ein halbes Jahr brauchte, um das gesamte Land zu erobern, ein Gebiet, das etwas mehr als halb so groß ist wie die Europäische Union.

Laurent-Désiré Kabila, wie Mobutos Erzfeind oder neuer Präsident genannt wurde, gab eine kraftvolle Erklärung ab, als er den Namen des Landes von Zaire in Demokratische Republik Kongo änderte, wie die zentralafrikanische Nation von 1964 bis 1971 bekannt war.

Laurent-Désiré Kabila kam nicht von ungefähr. Tatsächlich war er 1965 nach der Krise im Kongo und dem anschließenden Aufstand gegen Mobutu Sese Sekou der bedeutendste Vertreter des verstorbenen Patrice Lumumba. Er wurde sogar von Che Guevara während seiner Kongo-Expedition anerkannt, obwohl der Argentinische Revolutionär dachte, sein Kongolesisches Gegenüber sei zu dieser Zeit zu abgelenkt, und kam zu dem Schluss, dass er "nicht der Mann der Stunde" sei.

Obwohl Laurent Kabilas frühere Verbündete (Ruanda, Uganda und Burundi) sich ein Jahr später gegen ihn wenden und einen neuen Aufstand gegen seine Herrschaft unter dem Banner der Rallye für die Kongolesische Demokratie (RCD) unterstützen und damit den Zweiten Kongo Krieg auslösen würden mit der Folge, dass er die Kontrolle über Ostkongo verlor, setzte sich das Vermächtnis von Lumumba durch, als er mit Unterstützung von Angola, Namibia und Simbabwe den Süden und

Westen des Landes festhielt. Laurent Kabila würde am 1. Januar 2001, eineinhalb Jahre nach dem Abzug aller ausländischen Truppen aus dem Land, von seiner Wache erschossen. Das Erbe von Lumumba wurde jedoch nie aufgegeben, da sein Sohn Joseph Kabila seine Nachfolge antrat und bis zum 25. Januar 2019 regierte, als Félix Tshisekedi nach seinem Wahlsieg im Jahr zuvor neuer Präsident wurde. Das Kabila-Team und das Team des neuen Präsidenten haben Anfang 2019 eine Arbeitsallianz geschmiedet. Das Ergebnis ist eine Vereinbarung zwischen der mit Kabila verbundenen FCC und der CACH-Allianz von Tshisekedi, die dafür sorgt, dass die Streitkräfte, die Patrice Lumumbas positive Rolle in der Kongolesischen Geschichte anerkennen, weiterhin den Kongo regieren, auch wenn sie die von ihm aufgestellten Standards nicht einhalten.

Der tragische Verlust von Patrice Lumumba wurde am besten von Noam Chomsky während eines Interviews am 11. September 2013 mit der renommierten nicht etablierten Rundfunkjournalistin, syndizierten Kolumnistin, investigativen Reporterin und Autorin Amy Goodman zum Ausdruck gebracht, deren investigative Aufträge brachten ihr an Orte wie Nigeria und Osttimor. Er hat das gesagt:

„Der Mord an Lumumba im Kongo, an dem die USA beteiligt waren, hat Afrikas große Hoffnung auf Entwicklung zunichte gemacht. Der Kongo ist jetzt seit Jahren eine totale Horrorgeschichte.“

Nun gilt Professor Noam Chomsky, der von vielen als der

größte lebende Intellektuelle angesehen wird, auch als großer Amerikanischer Historiker, Sprachwissenschaftler, Philosoph, politischer Aktivist, Kognitionswissenschaftler und Gesellschaftskritiker, dessen Beherrschung der analytischen Philosophie beneidenswert ist. Wenn er also weiter in den Kongo zurückkehrt, um die Lage des Landes als Opfer von Sklaverei, Kolonialismus, Neokolonialismus, Kaltem Krieg, Imperialismus und auch Globalismus herauszustellen, wir verstehen, warum manche Experten betrachten die geopolitische Einheit als das erwürgte Herz von Afrika, dessen Ressourcen eher ein Fluch als ein Segen zu sein scheinen. Als er sein Publikum darauf hinwies, dass:

„Das wichtigste Mineral in Ihrem Handy, Coltan [ein schwarzes Metallerz], stammt aus dem Ostkongo. Dort nutzen multinationale Konzerne die sehr reichen Bodenschätze der Region. Viele von ihnen unterstützen Milizen, die gegeneinander kämpfen, um die Kontrolle über die Ressourcen oder einen Teil der Ressourcen zu erlangen."

Er unterstrich den Grund, warum dieses Land, das den größten Teil des Raums in Mittel oder Zentral Afrika einnimmt, der Spielplatz der ausländischen Streitkräfte ist, die in Afrika und seinen reichen Ressourcen nichts als Beute sehen, die mit geringen oder keinen Kosten geplündert werden Kann, indem diejenigen beseitigt werden, die Unterstützung bei der Verteidigung der Interessen von Land und Leuten und deren Ersetzung durch

Kompradoren, die stattdessen für ausländische Interessen und ihre eigenen Interessen gegen die Interessen ihrer Länder und Leute arbeiten würden.

Es ist kaum drei Jahrzehnte her, dass Zaire (Kongo-Kinshasa) und Kamerun den Ruf hatten, die einzigen beiden Länder in Afrika zu sein, in denen diejenigen, die für ihre Befreiung oder Unabhängigkeit geopfert hatten, nie regiert hatten. Die Tatsache, dass es den Kongolesen des ehemaligen Belgisch-Kongo gelungen ist, ihre Führer mit der bösen Disposition zu überwinden, die von ausländischen Mächten eingesetzt wurde, um den Interessen dieser fremden Mächte gegen das Wohlergehen des kongolesischen Volkes zu dienen, zeigt uns, dass das Land auf dem schwierigen Weg, die Verwüstungen der Sklaverei umzukehren, einen langen Weg zurückgelegt hat. Kolonialismus, Neokolonialismus und Imperialismus lassen Kamerun als einziges Land in Afrika mit einer unvollendeten Befreiung zurück, die das heimgesuchte Land auseinander zu reißen droht, es sei denn, die Bürger-Nationalisten Kameruns handeln rechtzeitig und bauen das von Frankreich auferlegte System ab, die das Biya-Regime verwaltet, in was ist im Allgemeinen die Entartung dieser geopolitischen Einheit, die als der Mikrokosmos von Afrikabekannt ist.

Demokratie Index: Afrika und die Welt

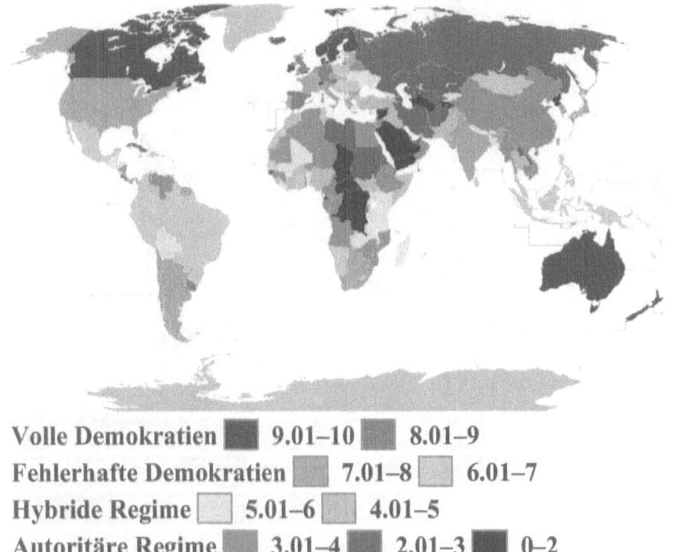

Volle Demokratien █ 9.01–10 █ 8.01–9
Fehlerhafte Demokratien █ 7.01–8 █ 6.01–7
Hybride Regime █ 5.01–6 █ 4.01–5
Autoritäre Regime █ 3.01–4 █ 2.01–3 █ 0–2

Politische Karte der Afrikanischen Länder

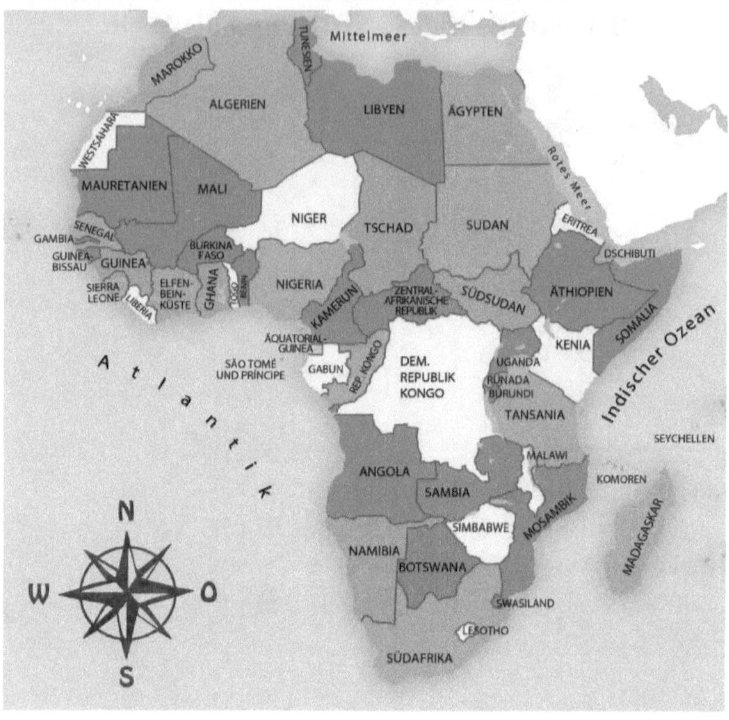

Kapitel Zwei

Félix-Roland Moumié

Zitate

„Wenn wir bis zum Tod gegen eine willkürliche Eingliederung unseres Landes in das Französische Kolonialreich kämpfen, dann deshalb, weil wir die erobernden Verteidiger des Selbstbestimmungsrechts der Völker bleiben wollen. Wir sind also im Dienst von Kamerun und Afrika ... wir sind die wahren Handwerker der internationalen Entspannung. Als revolutionäre Nationalisten kämpfen wir darum, für die Kamerun und für sich allein eine echte nationale "Unabhängigkeit" zu verwirklichen, mit der "Vereinigung" als Voraussetzung, gleichzeitig oder aufeinanderfolgend, aber niemals ausgeschlossen. "

Ruben Um Nyobè

„Wir sind nicht in diesen Kampf involviert, nur weil wir glauben, dass wir dieses System im Laufe unseres Lebens abbauen werden. Wir hoffen, dass sich Kamerun morgen ändert. Wenn dies nicht der Fall ist, werden wir froh sein zu wissen, dass wir den Boden für die nächste Generation fruchtbar gemacht haben, die die Fäulnis in diesem Land beenden und die "NEUE KAMERUN" gründen wird.“

Dr. Samuel F. Tchwenko, ehemaliger UPCistisch und Chefideologe der historischen SDF von 1990-2002

„Ein Volk, das entschlossen ist, für Freiheit und Unabhängigkeit zu kämpfen, ist unbesiegbar."

Ruben Um Nyobè

„Kamerun ist kein Land der Sklaven, das kein Mensch befreien kann."

Janvier Chouteu-Chando

„Der Feind ist nicht derjenige, der dir mit einem Schwert in der Hand gegenübersteht, das ist der Gegner. Der Feind ist der hinter dir mit einem Messer im Rücken."

Thomas Sankara

„... Die Welt wird von Zeit zu Zeit mit einzigartigen Seelen gesegnet, die trotz ihrer unsichtbaren Kreuze die außerordentliche Kraft haben, im Leben voranzukommen und gleichzeitig anderen zu helfen. Trotz ihrer Schwierigkeiten denken die meisten von uns, dass es ihnen gut geht. Selbst wenn das Gewicht ihrer Kreuze unerträglich wird, auch wenn sie atemlos vorgehen, fällt es uns immer noch schwer zu verstehen, dass sie ertrinken. Tatsächlich verurteilen wir sie sogar dafür, dass sie nicht mehr geopfert haben..."

Janvier Chouteu-Chando, Schüler des Schicksals

„Politische Unabhängigkeit hat keine Bedeutung, wenn sie nicht von einer raschen wirtschaftlichen und sozialen Entwicklung begleitet wird."

Patrice Lumumba

„Das Schlimmste, was der Kolonialismus getan hat, war, unsere Sicht auf unsere Vergangenheit zu trüben."

Barack Obama

„Bis die Löwen ihre eigenen Historiker haben, wird die
Geschichte der Jagd den Jäger immer verherrlichen.“
Chinua Achebe

„Die Charaktere in unserem anderen Leben sind Geister,
die die Literatur wiederbelebt.“
Olivier Weber

Kamerun auf einer Weltkarte

Politische Karte der Afrikanischen Länder

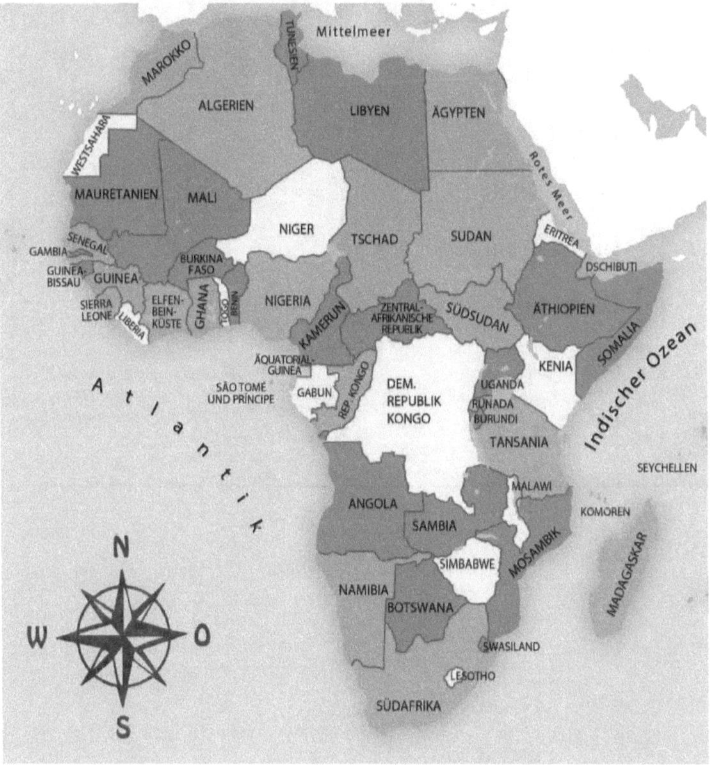

Teilung Karte von Afrika: 1884-1914

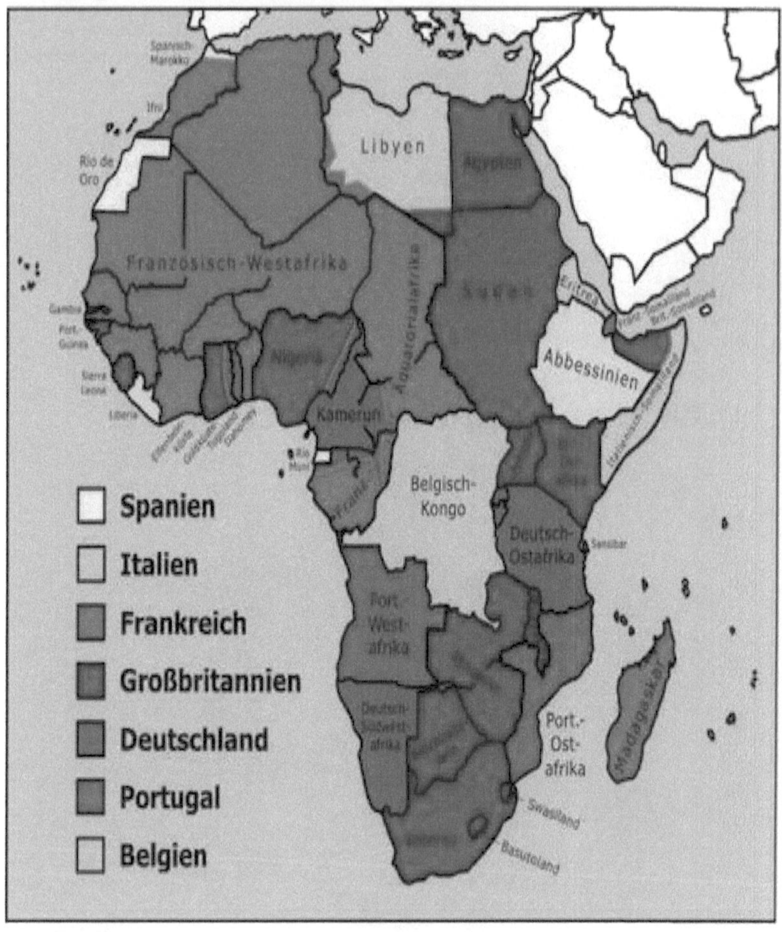

Unabhängigkeit Karte der Afrikanischen Länder

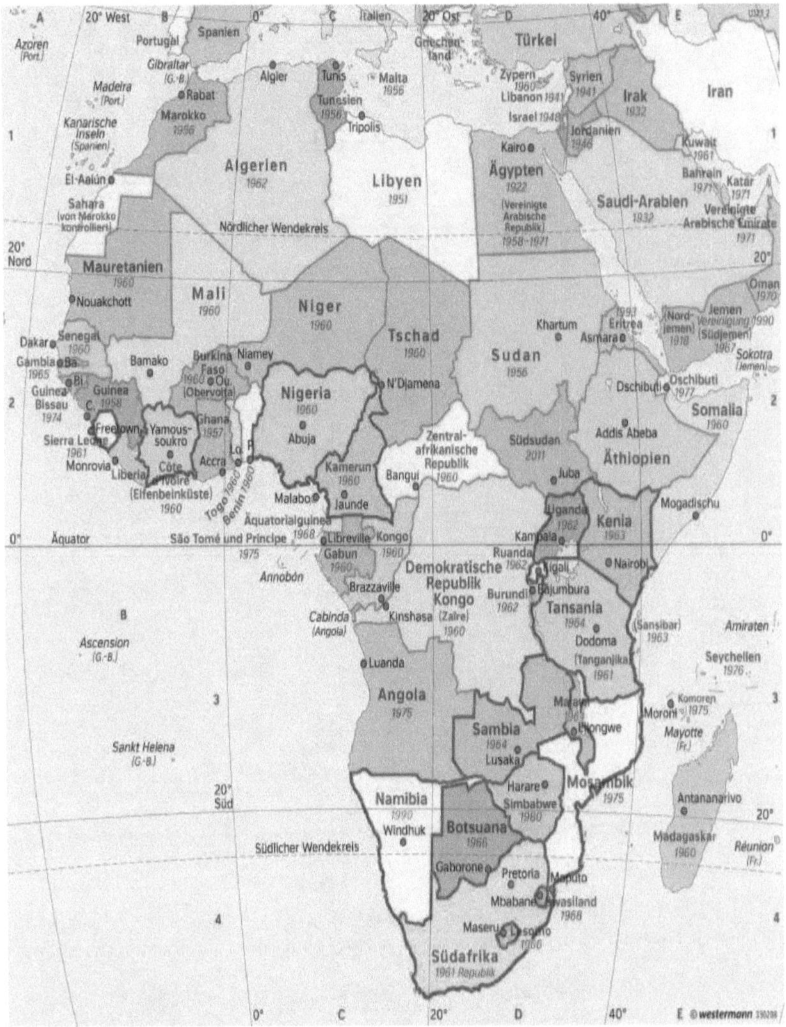

Die Natürlichen Ressourcen der ZentralAfrikanischen Region

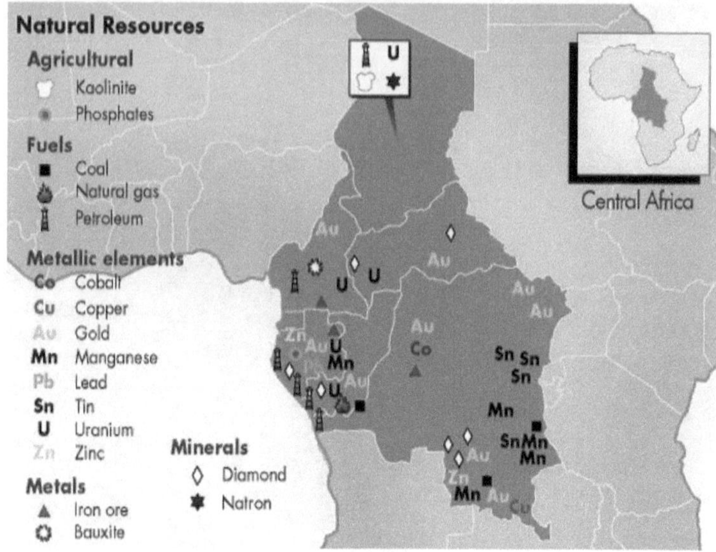

Kamerun im Laufe der Zeit

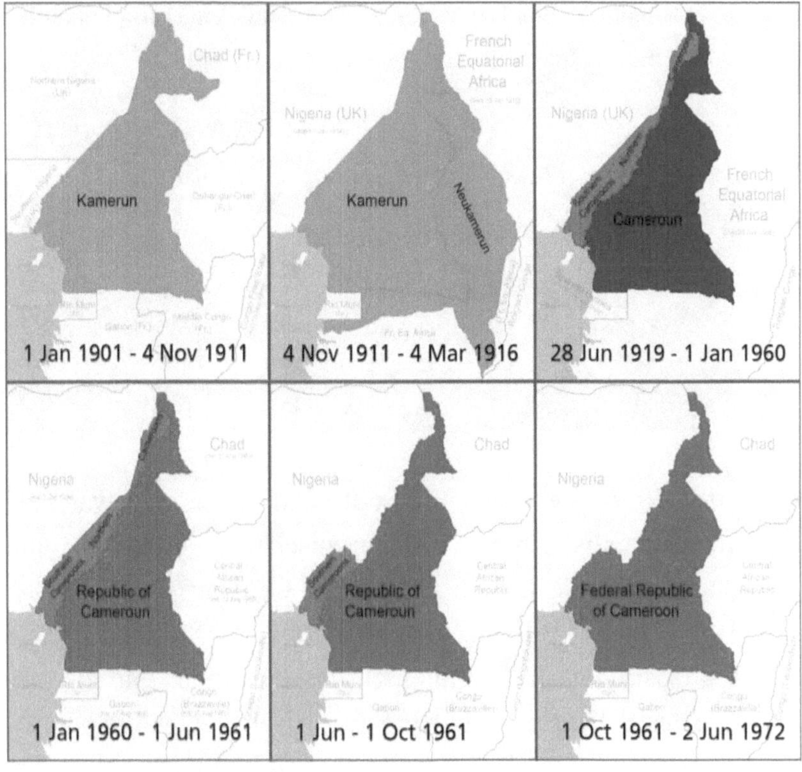

1. Deutsche Kamerun (1884-1911)
2. Deutsche Kamerun (1911-1916)
3. Britisch-Kamerun & Französisch-Kamerun: 1916-1960
4. Britisch-Kamerun und die Republik Kamerun (1960-1961)
5. Britische SüdKamerunen und die Republik Kamerun (1960-1961)
6. Heute wiedervereinigtes / unabhängiges Kamerun.

UPC-leiders (links naar rechts) voorste rij: Castor Osendé Afana, Abel Kingué, Ruben Um Nyobé, Félix Moumié en Ernest Ouandié

Der 1926 geborene Félix-Roland Moumié war ein antikolonialistischer Kamerunischer Führer und Panafrikanistisch. Sein Attentat in Genf am 3. November 1960 durch William Bechtel von der SDECE (dem Französischen Geheimdienst) mit Thallium gilt als das dreisteste Verbrechen des Französischen Geheimdienstes im Ausland und als der vielleicht größte Einzelschlag, den Kamerunische Staatsbürger-nationalisten erlitten haben in ihrem Kampf für die Befreiung des Landes von der neokolonialen Kontrolle durch Frankreich.

Dr. Felix-Roland Moumié war von 1958 bis 1960 Vorsitzender der UPC (*Union des Populations du Cameroun,* auch *Union du Peuple Camerounais* genannt — Union der Bevölkerungen von Kamerun). Die UPC war die erste historische politische Partei, die aus den Gebieten der ehemaligen deutschen Kolonie Kamerun hervorging. Die 1948 gegründete UPC operierte sowohl in Französisch-Kamerun als auch in Britisch-Kamerun — den

Treuhandgebieten der Vereinten Nationen, die aus dem ehemaligen deutschen Kamerun von 1884 bis 1916 nach seiner Teilung zwischen Großbritannien und Frankreich, wie im Versailler Vertrag vom 28. Juni 1919 vereinbart, dem wichtigsten der Friedensverträge, die den Ersten Weltkrieg zum Abschluss brachten, indem das Ende des Kriegszustands zwischen Deutschland und den alliierten Mächten formalisiert wurde. Das Hauptziel der Partei war die Wiedervereinigung und Unabhängigkeit von Britisch-Kamerun und Französisch-Kamerun, den Trust-Territorien, die die Nachfolger der Völkerbund-Mandate waren, und die mit dem Ende des Völkerbundes im Jahr 1946 entstanden sind, und ersetzte es durch die Organisation der Vereinten Nationen.

****

Die Französische Treuhandverwaltung verbot die UPC 1955 und warf ihr vor, sie habe Unruhen ausgelöst und die Partei im Sommer 1955. Dies zwang den größten Teil seiner Führung, die dem Französischen Kamerun entkam und in Britisch-Kamerun Schutz suchte, zu fliehen nach Ägypten, Ghana, China und in andere Länder , die die Kamerunische Sache für ihre Wiedervereinigung und Unabhängigkeit unterstützten.

Ruben Um Nyobé, Parteichef und Generalsekretär; Ernest Ouandié und Abel Kingué, die beiden Vizepräsidenten der Partei; und Felix Moumié versprach, den Kampf für die Wiedervereinigung und Unabhängigkeit von Französisch-Kamerun und Britisch-Kamerun fortzusetzen, obwohl Frankreich entschlossen war, die Völker der ehemaligen deutschen Kamerun zu spalten und zu regieren. Immerhin befahl die UPC hatte die Unterstützung der meisten Menschen in Französisch-Kamerun, und ihre Ableger und Schwesterparteien in Britisch-Kamerun hatte die Unterstützung der Wählerschaft dort. Tatsächlich unterstützten mehr als 80% der gebildeten Kameruner die Partei und ihren Grund für die Wiedervereinigung und Unabhängigkeit der Länder der ehemaligen deutschen Kamerun.

Die UPC erlitt jedoch etwa drei Jahre nach dem Verbot ihr erstes schweres Trauma, das war eine Zeit, als Einige Experten begannen zu glauben, Frankreich würde es der Partei ermöglichen, wieder als rechtliche politische Einheit zu agieren. Die Sicherheitskräfte der Französischen Treuhandverwaltung ermordeten am 13. September 1958 in der Nähe seines Heimatdorfes Boumnyebel im Bassaland den ersten historischen Führer der UPC, Ruben Um Nyobé.

****

Als Dr. Felix-Roland Moumié die Nachfolge von Ruben Um Nyobé antrat, musste er aus dem Exil operieren, obwohl die UPC die einzige Partei in Französisch-Kamerun war, die die überwältigende Unterstützung der französischen Kameruner genoss, und obwohl sie auch die einzige war politische Partei in dem Teil des ehemaligen Deutschen Kamerun, der ein ähnliches Programm mit Schwesterparteien oder Ablegern in Britisch-Kamerun teilte. Keineswegs entmutigt forderte die UPC das Vorgehen Frankreichs dagegen entschlossener heraus, so dass die UPC-Partisanen die Kontrolle über die Landschaft der südlichen Hälfte von Französisch-Kamerun hatten, bevor Frankreich die politische Kontrolle oder Souveränität des französischen Kamerun an seine Marionette Ahmadou Ahidjo übergab, erklärte das Land am 1. Januar 1960 für unabhängig und schloss gleichzeitig eine Reihe von sozioökonomischen, politischen und militärischen Vereinbarungen mit dem Säuglingsstaat, die es praktisch zu einem Hinterhof Frankreichs machten.

Der Daten der Unabhängigkeit der Afrikanischen Länder

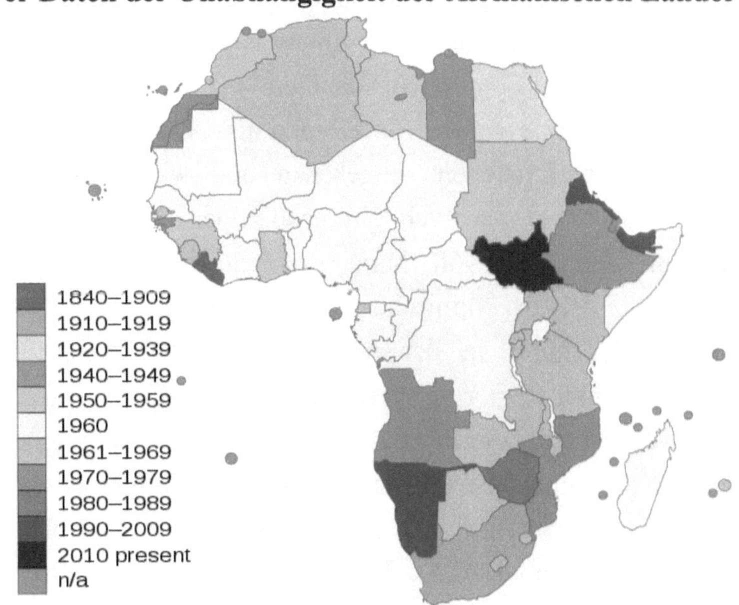

Als Dr. Felix-Roland Moumié die Nachfolge von Ruben Um Nyobé antrat, musste er aus dem Exil operieren, obwohl die UPC die einzige Partei in Französisch-Kamerun war, die die überwältigende Unterstützung der französischen Kameruner genoss, und obwohl sie auch die einzige war politische Partei in dem Teil des ehemaligen Deutschen Kamerun, der ein ähnliches Programm mit Schwesterparteien oder Ablegern in Britisch-Kamerun teilte. Keineswegs entmutigt forderte die UPC das Vorgehen Frankreichs dagegen entschlossener heraus, so dass die UPC-Partisanen die Kontrolle über die Landschaft der südlichen Hälfte von Französisch-Kamerun hatten, bevor Frankreich die politische Kontrolle oder Souveränität des französischen Kamerun an seine Marionette Ahmadou Ahidjo übergab, erklärte das Land am 1. Januar 1960 für unabhängig und schloss gleichzeitig eine Reihe von sozioökonomischen, politischen und militärischen Vereinbarungen mit dem Säuglingsstaat, die es praktisch zu einem Hinterhof Frankreichs machten.

Félix Moumié wurde von einigen als „afrikanischer Che Guevara im Entstehen" angesehen und war sowohl ein kluger Anführer als auch ein großartiger Organisator. In diesem Sommer 1960 hatte er Ernesto Che Guevara getroffen, den argentinischen internationalen Revolutionär und Stellvertreter in der neuen antiamerikanischen und antiwestlichen Regierung von Fidel Castros Kuba. Das war kurz vor seinem Tod. Zusätzlich zu dieser Entwicklung hatte der Kamerunische Partisanenführer erfolgreich eine besondere Beziehung zu dem kriegerischen ägyptischen Präsidenten Gamal Abdel Nasser, dem panafrikanistischen Präsidenten von Ghana, Kwame Nkrumah, dem unerschütterlichen Patrice Lumumba aus Kongo-Kinshasa (dem ehemaligen Belgischen Kongo) aufgebaut. und das hartnäckige nationalistische guineische Staatsoberhaupt Sékou Touré, das sich Frankreich widersetzte und es schaffte, Guinea aus den neokolonialen Fängen seines ehemaligen Kolonialmeisters herauszuholen.

Viele Experten glauben, Frankreich und seine Verbündeten im Kalten Krieg befürchteten den Antrieb des neuen UPC-Führers, insbesondere beim Aufbau enger Beziehungen zu einigen anderen Führern des kommunistischen Blocks, die hofften, Afrika eines Tages als wirtschaftlich geeinten und politisch integrierten Kontinent. Die Tatsache, dass diese Führer versprachen, Moumiés Partisanengruppe stärker zu unterstützen, machte Frankreich und Ahmadou Ahidjo äußerst nervös.

Der im Exil lebende zweite Führer der kamerunischen staatsbürgerlich-nationalistischen Bewegung war im Oktober 1960 auf einer Mission in Europa, als William Bechtel ihn in ein Hotel in Genf einlud. Er hat sich als Journalist ausgegeben. Tatsächlich war er Mitglied des "Main Rouge", eines Ablegers einer Spezialeinheit des französischen Geheimdienstes, deren Aufgabe es ist, anti-französische und Unabhängigkeitsfördernde afrikanische Nationalisten und ihre Unterstützer in Europa zu eliminieren.

Moumié wurde durch eine Aufforderung eines Restaurantpersonals zum Telefon abgelenkt und ließ sein unfertiges Getränk, das Bechtel durch Eingießen einer tödlichen Dosis Thallium kontaminierte, zurück. Aber Moumié trank es bei seiner Rückkehr nicht. So schuf Bechtel eine weitere Ablenkung, bei der er eine weitere Dosis

Thallium in Moumiés Wein goss. Moumié schluckte beide Getränke und starb am 3. November 1960 in einem Genfer Krankenhaus, Tage vor seiner Rückkehr nach Guinea und viel früher als von seinen Mördern geplant. Die Tatsache, dass der kamerunische Befreiungsführer eine Überdosis des Giftes eingenommen hatte, vereitelte die Verschwörung Frankreichs, um Felix Moumiés Tod dem guineischen Präsidenten Sekou Touré zuzuschreiben, der während seines Exils in der guineischen Hauptstadt Conakry als Gastgeber des UPC-Führers fungiert hatte.

****

Auf die Ermordung von Félix Moumié folgte drei Monate später die schreckliche Ermordung von Patrice Lumumba aus dem ehemaligen belgischen Kongo. Auf den Tod dieser beiden Afrikanischen Staatsbürgernationalisten mit Panafrikanistischischer Vision würde eine blutige Unterdrückung des Widerstandes der Bevölkerung gegen die neokolonialen Regime in ihren jeweiligen Ländern folgen.

Mit der Hinrichtung des Nachfolgers von Félix Moumié, Ernest Ouandie, im Januar 1971 wäre die neokoloniale Gegenoffensive gegen die antikolonialistischen Bewegungen im Herzen Afrikas beendet, was den Sieg der neokolonialen Streitkräfte bedeuten würde. Diese neue Realität hätte katastrophale Folgen nicht nur in der zentralAfrikanischen Region, sondern in ganz Afrika. Das frankophone Afrika südlich der Sahara hat es nicht gewagt, sich dem

Französischen Neokolonialismus zu widersetzen, seit der Niederlage des Kamerunischen Staatsbürgernationalismus und der Einführung eines mafiaähnlichen Kontrollsystems über seine ehemaligen Kolonien durch Frankreich, das Französische Marionetten einsetzt, die gegenüber ihrem Volk nicht rechenschaftspflichtig sind.

Teilung Karte von Afrika: 1884-1914

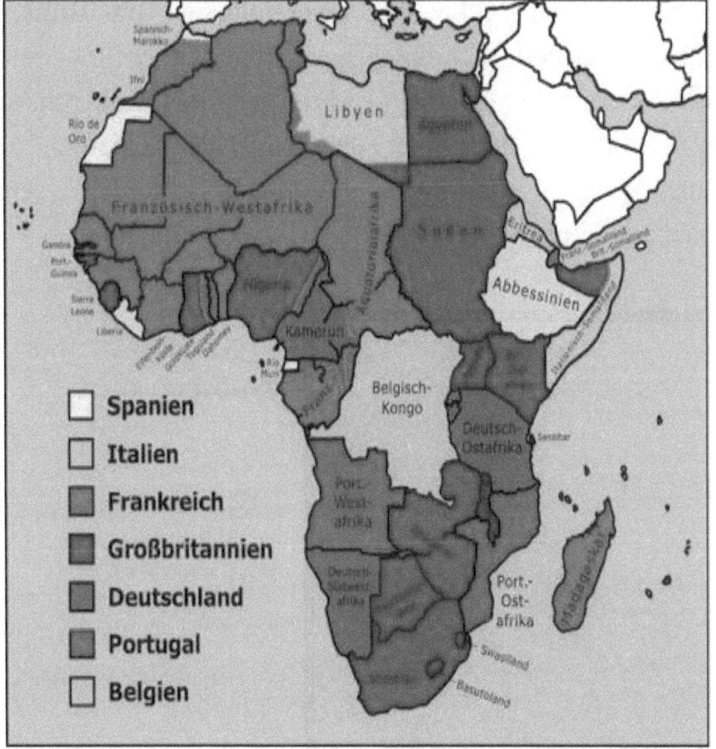

Der Tod von Félix Moumié, die Aufrechterhaltung des Französischen UPC-Verbots, die Vertreibung der UPC aus Britisch-Kamerun 1958 und die Rückkehr der Französischen Legende und des neokolonialistischen Generals Charles De

Gaulle an die Macht in Frankreich machten die Verwirklichung des Kamerunischen Traums von Wiedervereinigung, Unabhängigkeit und Entwicklung scheinen unmöglich. Die Ableger der UPC in Britisch-Kamerun und der Kamerunischen Staatsbürgernationalisten in Britisch-Südkamerun verwirklichten jedoch den Traum von der Wiedervereinigung, indem sie die Kampagne im von den Vereinten Nationen gesponserten Referendum zur Abstimmung über die Wiedervereinigung von Britisch-Südkamerun und der einjährigen Republik befürworteten von Kamerun, dem ehemaligen Französischen Kamerun, das am 1. Januar 1960 unter der Anti-UPC-Regierung der Französischen Marionette Ahmadou Ahidjo seine Unabhängigkeit erlangte.

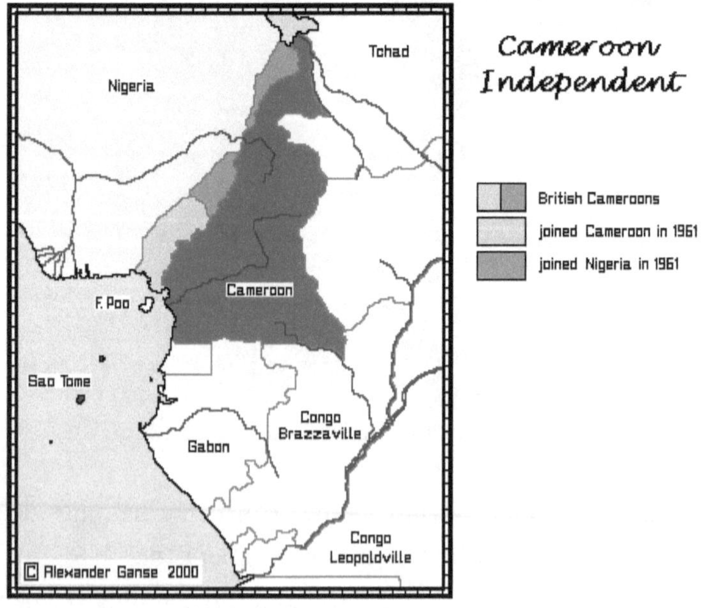

British Cameroons = Britisch Kamerun
Joined Cameroun in 1961 = trat der Republik Kamerun — ehemals Kameruner Franzose — bei 1961 (Wiedervereinigung)
Joined Nigeria in 1961 = trat Nigeria bei 1961

11.-12. Februar 1961 Britisch-Kamerunische Volksabstimmung
Hauptpunkte: Die Wähler wurden gefragt, ob sie sich mit Nigeria oder Kamerun vereinigen wollen, wenn den beiden Regionen die Unabhängigkeit gewährt wird.

Britische Nordkamerunen

Registrierte Wähler	292,985
Gesamte stimmen (Wahlbeteiligung)	Nicht verfügbar (N/A)
Ungültig/Leere Stimmen	Nicht verfügbar
Insgesamt Gültige Stimmen	243,955

Britische Südkamerunen

Registrierte Wähler	349,652
Gesamte stimmen (Wahlbeteiligung)	Nicht verfügbar (N/A)
Ungültig/Leere Stimmen	Nicht verfügbar
Insgesamt Gültige Stimmen	331,312

Ergebnisse	NordKamerunen		SüdKamerunen	
	Anzahl der Stimmen	% der Stimmen	Anzahl der Stimmen	% der Stimmen
Union mit der Föderation von Nigeria	146,296	59.97%	97,741	29.50%
Union mit der Republik Kamerun	97,659	40.03%	233,571	70.50%

Tatsächlich führte die UPC, obwohl minderwertig bewaffnet, eine wirksame Guerillakampagne durch, die Ende 1959 die vollständige Französische Kontrolle im

Süden des Landes nur in den kleinen und großen Städten, beschränkte und die Dörfer und Landschaften unter der Kontrolle der UPC. Und da das UN-Treuhandabkommen die Anzahl der Truppen, die die Französische Armee auf dem Territorium haben könnte, begrenzt, beschloss Frankreich, die Gewährung der Unabhängigkeit an das Französische Kamerun zu beschleunigen. Frankreich gewährte jedoch dem Französischen Kamerun am 1. Januar 1960 unter seiner Marionette Ahmadou Ahidjo die Unabhängigkeit und zwang Ahidjo gleichzeitig, einen Geheimvertrag mit Frankreich zu unterzeichnen, ein Abkommen mit wirtschaftlichen, politischen und militärischen Komponenten, das unter anderem Frankreich erlaubte um die Zahl der Französischen Truppen im ehemaligen Französischen Kamerun zu multiplizieren, das danach die Republik Kamerun genannt wird. Die Französische Armee würde ihre Präsenz im Land verstärken, indem sie die Zahl ihrer Soldaten und ihre Ausrüstung dort erhöhte und die Rekrutierung und Ausbildung einer von Frankreich angeführten lokalen Kamerunischen Armee beschleunigte. Diese Französisch-Kamerunischen Armeen würden die Aufständischen in ihren wichtigsten Hochburgen im Bassa-Land 1960 und im Bamileké-Land von 1962 bis 1964 besiegen, indem sie der UPC und der Zivilbevölkerung durch ihre wahllose Bombardierung beider Guerillas schwere Verluste zufügten Lager und Zivilgemeinschaften, eine Politik der verbrannten Erde an sich, die einige Historiker und verschiedene Experten für einen von Frankreich angeführten Völkermord an bestimmten Kräften und

Bevölkerungsgruppen in Kamerun halten, der den neokolonialistischen Plänen Frankreichs für Kamerun widersprach.

****

Die UPC erkannte 1965, dass sie den bewaffneten Konflikt gegen die Französische Armee und die Kamerunische Armee, den Frankreich für das Marionettenregime Ahmadou Ahidjo schuf, nicht mehr gewinnen konnte. Das zwielichtige Streben nach Frieden durch Friedensgespräche würde Felix Moumiés Nachfolger Ernest Ouandie aus dem Busch locken und zu seiner Kapitulation / Gefangennahme und Hinrichtung im Januar 1971 führen, wodurch der bewaffnete Kampf der UPC gegen Frankreich für die Wiedervereinigung, Unabhängigkeit und Freiheit für die beendet würde Das Gebiet der ehemaligen deutschen Kamerun, ein Konflikt, bei dem mehr als eine halbe Million Kameruner ums Leben kamen, Dieser Konflikt verkörpert einen Kampf, der von einigen Experten als "unvollendete Befreiung Kameruns" angesehen wird, weil denjenigen, die für die Wiedervereinigung und Unabhängigkeit Kameruns Kampagnen und kämpften, und sogar ihre Erben seitdem daran gehindert haben, die Macht zu gewinnen und das Land zu regieren.

Kameruner aus dem englischsprachigen Teil des wiedervereinigten Kamerun stellten bald fest, dass sie von Frankreich und seiner Marionette getäuscht und unterworfen worden waren, wie die besiegten und unterworfenen Bevölkerungsgruppen im Französisch-sprachigen Teil des Landes, und stellten fest, dass auch sie jetzt unter dem erstickenden Joch eines von Frankreich auferlegten Systems standen, und das von der Diktatur der Französischen Marionette Ahmadou Ahidjo verwaltet wurde. Paul Biya, eine weitere Französische Marionette, die auf Befehl Frankreichs Ahidjos Nachfolge antrat, ist seit 1982 an der Macht und hat die Erstickungsgefahr für Kamerun noch verschärft.

Fast sechzig Jahre später ist Kamerun immer noch unter der Kontrolle der Anti-UPC-Kräfte, dass Frankreich an die Macht gebracht — das sind die Kameruner, die im nationalistischen Kampf um die Wiedervereinigung und Unabhängigkeit des Landes weder als Gemäßigte noch als Radikale eine Rolle spielten. Tatsächlich unterstützte Frankreich seine Marionetten bei der Errichtung eines Polizeistaats, um ihre Herrschaft durchzusetzen, was erklärt, warum Kamerun niemals Herrschaft unter einem Staatsoberhaupt erlebt hat, das die Wahl des Volkes ist oder war.

Die Mafia geht weiter. Das Land, das Afrikas kühnen Geist verkörpert, befindet sich immer noch im Griff der Kräfte, die gegen sein Streben nach Befreiung, Entwicklung und Partnerschaft mit anderen fortschrittlichen Kräften der Welt waren.

Die Ermordung von Ruben Um Nyobé, Félix Moumié, Patrice Lumumba, Castor Osendé Afana, Ernest Ouandie und Zehntausenden von Kongolesischen und Kamerunischen Staatsbürgern war immerhin eine erfolgreiche Kampagne neokolonialer Mächte, um die echte unabhängige Entwicklung Afrikas zu zerstören, weil die Niederlage von Die antikolonialen Bewegungen in diesen Ländern schwächten den Panafrikanischen Drang, eine Afrikanische Wirtschaftsunion zu schaffen und den Kontinent politisch zu integrieren. Ungeachtet gegenteiliger Anzeichen oder Erwartungen wären das Kamerun von Nyobe / Moumié / Ouandie, das nie realisiert wurde, und der Kongo von Lumumba, die es nicht schafften, wären gewesen das geografische, wirtschaftliche und politische Zentrum der Afrikanischen Union, das ist noch wie vor die Vision vieler fortschrittlicher Afrikaner, die hoffen, dass der Kontinent sich in der wachsenden multipolaren Welt einen Platz des Respekts sichert.

Der Sarkophag von Félix Moumié fehlt noch heute an seiner Ruhestätte auf dem Friedhof in Conakry, Guinea. Albert Kingue ist immer noch in Kairo, Ägypten, begraben. Ruben Um Nyobé, Ernest Ouandie, Castor Osendé Afana und die anderen Führer der UPC, die von den Franco-Ahidjo-Streitkräften getötet wurden, werden kaum anerkannt, geschweige denn in den Annalen der Kamerunischen Geschichte geehrt, obwohl ihre Namen Straßen und Infrastrukturen in anderen Ländern zieren von Afrika und der Welt.

Sechs Jahrzehnte später sehen die Kameruner, die sich erheben, um den Mafia-Staat herauszufordern, Felix-Roland Moumié und die anderen historischen bürgernationalistischen Führer, die von Frankreich getötet, verbannt oder untergraben wurden, und die Marionetten, die es dem Land auferlegt hat, als die Kräfte, die nachahmen wollen, um das System, das Frankreich dem Kamerunischen Volk gegen seine Interessen und gegen sein Wohlergehen auferlegt hat, abzubauen. Das System und sein autoritäres politisches Establishment wird heute von Paul Biya geführt, einer Marionette, die Frankreich dem Kamerunischen Volk auferlegt hat. Der zweite Kamerunische Präsident ist seit siebenundvierzig Jahren an der Macht (siebenunddreißig Jahre als Präsident oder Staatsoberhaupt und zehn Jahre als Ministerpräsident des einzigen Landes in Afrika, in dem sein Staatsoberhaupt war, nie die Wahl des Volkes, sondern eine Auferlegung durch Neokolonialisten).

Politische Karte der Afrikanischen Länder

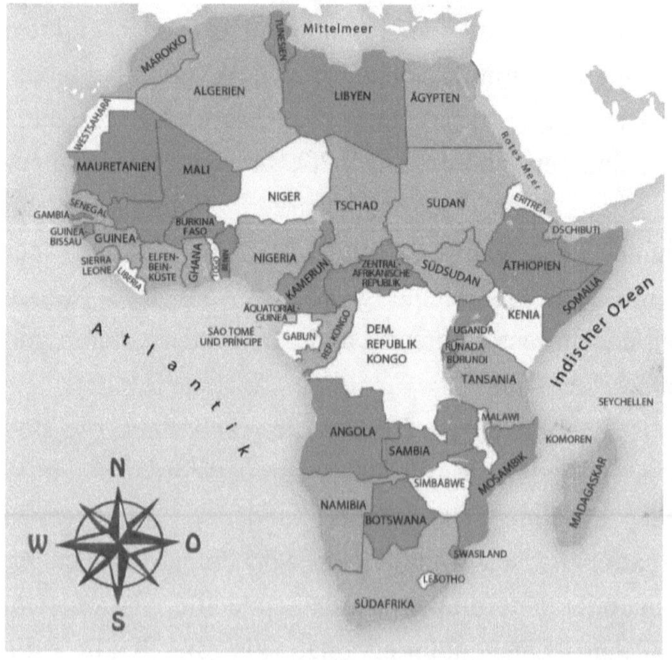

Demokratie Index Karte von Afrika

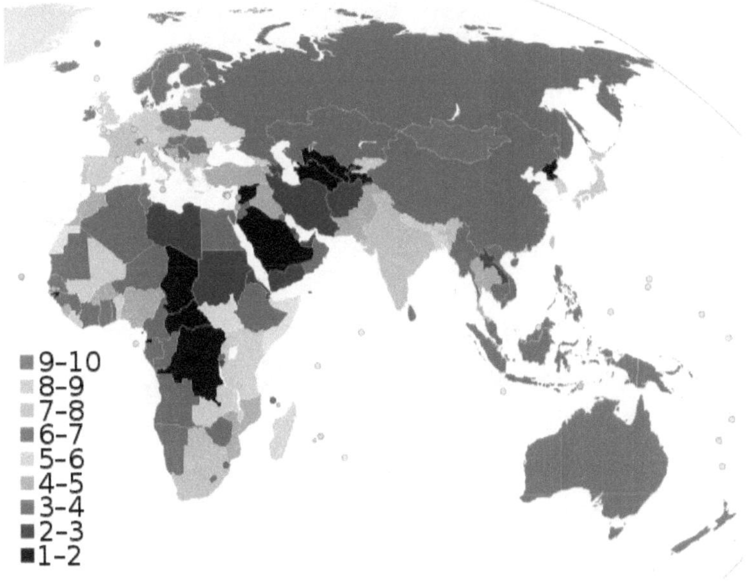

Kapitel Drei

Thomas Sankara

Zitate von Thomas Sankara

„Während Revolutionäre als Individuen ermordet werden können, Kann man Ideen nicht töten."

„Der Feind ist nicht derjenige, der dir mit einem Schwert in der Hand gegenübersteht, das ist der Gegner. Der Feind ist der hinter dir mit einem Messer im Rücken."

„Ohne patriotische politische Bildung ist ein Soldat nur ein potentieller Verbrecher."

„Ich glaube nicht, dass Blaise (Blaise Compaoré, sein Stellvertreter und bester Freund) einen Versuch in meinem Leben machen will. Die einzige Gefahr ist, dass die Imperialistischen Mächte ihm macht auf einem Silbertablett anbieten, wenn er sich weigert zu handeln, indem sie meine Ermordung organisieren. Selbst wenn es ihnen gelingt, mich zu ermorden, spielt es keine Rolle! Die Quintessenz ist, dass sie essen wollen, und ich halte sie auf. Aber ich werde friedlich sterben, denn niemals, nachdem es uns gelungen ist, das Gewissen unserer Landsleute zu vermitteln, können sie unser Volk nicht mehr so beherrschen wie früher."

„Die größte Schwierigkeit, mit der wir konfrontiert waren, ist die neokoloniale Denkweise, die es in diesem Land gibt.

Wir wurden von einem Land kolonialisiert, Frankreich, das uns bestimmte Gewohnheiten hinterließ. Erfolgreich im Leben zu sein, glücklich zu sein, bedeutete für uns, zu versuchen, so zu leben, wie sie es in Frankreich tun, wie die reichsten Franzosen."

„Ohne ein gewisses Maß an Wahnsinn kann man keine grundlegenden Veränderungen vornehmen. In diesem Fall kommt es von Nichtübereinstimmung, dem Mut, den alten Formeln den Rücken zu kehren, dem Mut, die Zukunft zu erfinden."

„Schulden sind eine geschickt gemanagte Rückeroberung Afrikas. Es ist eine Rückeroberung, die jeden von uns in einen Finanzsklaven verwandelt."

„Die Arroganz der Großmächte, die keine Gelegenheit verpassen, die Rechte des Volkes in Frage zu stellen, soll ein Ende haben. Die Abwesenheit Afrikas vom Klub derjenigen, die das Vetorecht haben, ist ungerecht und sollte beendet werden."

„Wir sind nicht gegen Fortschritt, aber wir wollen keinen Fortschritt, der anarchisch ist und die Rechte anderer kriminell vernachlässigt."

„Ungleichheit kann nur durch die Schaffung einer neuen Gesellschaft beseitigt werden, in der Männer und Frauen gleiche Rechte genießen. Auf diese Weise wird sich der

Status von Frauen nur verbessern, wenn das System beseitigt wird, das sie ausbeutet."

„Der Geist wird sozusagen durch Unwissenheit erstickt, aber sobald die Unwissenheit zerstört ist, scheint der Geist wie die Sonne, wenn er durch Wolken bricht."

„Die patriarchalische Familie tauchte auf, gegründet auf dem alleinigen und persönlichen Eigentum des Vaters, der das Familienoberhaupt geworden war. Innerhalb dieser Familie wurde die Frau unterdrückt."

„Ich möchte, dass sich die Menschen an mich als jemanden erinnern, dessen Leben der Menschheit geholfen hat."

„Unser Land produziert genug, um uns alle zu ernähren. Leider sind wir mangels Organisation gezwungen, um Nahrungsmittelhilfe zu bitten. Es ist diese Hilfe, die uns die Einstellung von Bettlern einflößt."

„Alles, was sich der Mensch vorstellen kann, Kann er erschaffen."

„Wir haben die Verrückten von gestern gebraucht, um heute äußerst klar handeln zu können. Ich möchte einer dieser Verrückten sein. Wir müssen es wagen, die Zukunft zu erfinden."

„Wenn Sie einen Spaziergang durch Ouagadougou machen und eine Liste der Villen erstellen, die Sie sehen, werden

Sie feststellen, dass nur eine Minderheit diese Villen besitzt. Wie viele von Ihnen, die aus den entlegensten Winkeln des Landes nach Ouagadougou versetzt wurden, mussten jede Nacht umziehen, weil Sie aus dem Haus geworfen wurden, das Sie gemietet haben? Für diejenigen, die durch Korruption Häuser und Grundstücke erworben haben, sagen wir: Fangen Sie an zu zittern. Wenn Sie gestohlen haben, zittern Sie, denn wir werden nach Ihnen kommen."

„Wir müssen es wagen, die Zukunft zu erfinden."

„Frauen halten die andere Hälfte des Himmels hoch."

„Wir bemühen uns, dass unsere Handlungen unseren Worten entsprechen und dass wir in Bezug auf unser Verhalten wachsam sind."

„Genossen, es gibt keine echte soziale Revolution ohne die Befreiung der Frauen."

„Es ist wirklich schade, dass es Beobachter gibt, die politische Ereignisse wie Comics sehen. Es muss einen Zorro geben, es muss einen Stern geben. Nein, das Problem von Upper Volta ist ernster. Es war ein schwerwiegender Fehler, unter allen Umständen nach einem Mann, einem Stern, zu suchen, um einen zu erschaffen, das heißt, um das Eigentum an der Veranstaltung Kapitän Sankara zuzuschreiben, der das Gehirn gewesen sein musste, etc."

„Unsere Revolution in Burkina Faso stützt sich auf die Gesamtheit der menschlichen Erfahrungen seit dem ersten Atemzug der Menschheit. Wir möchten die Erben aller Revolutionen der Welt, aller Befreiungskämpfe der Völker der Dritten Welt sein. Wir ziehen die Lehren aus der Amerikanischen Revolution."

„Die Revolution kann nicht ohne die Emanzipation der Frauen siegen."

„Die Revolution und die Befreiung der Frauen gehören zusammen. Wir sprechen nicht von Frauenemanzipation als Akt der Nächstenliebe oder aus einer Welle menschlichen Mitgefühls. Es ist eine grundlegende Notwendigkeit, dass die Revolution triumphiert. Frauen halten die andere Hälfte des Himmels hoch."

„Der Imperialismus ist ein System der Ausbeutung, das nicht nur in der brutalen Form derer vorkommt, die mit Gewehren das Territorium erobern. Der Imperialismus tritt oft in subtileren Formen auf: als Kredit, Nahrungsmittelhilfe, Erpressung. Wir bekämpfen dieses System, das es einer Handvoll Menschen auf der Erde ermöglicht, die gesamte Menschheit zu regieren."

„Wir müssen daran arbeiten, unsere Mentalität zu dekolonisieren und innerhalb der Grenzen des Opfers, zu dem wir bereit sein sollten, Glück zu finden. Wir müssen unser Volk überholen, um sich selbst so zu akzeptieren, wie sie sind, um uns nicht für ihre wirkliche Situation zu schämen, um damit zufrieden zu sein, um sie sogar zu rühmen."

„Die Feinde eines Volkes sind diejenigen, die sie in Unwissenheit halten."

„Die Französische Revolution hat uns die Menschenrechte gelehrt."

„Genossen, ohne die Befreiung der Frauen gibt es keine echte soziale Revolution. Mögen meine Augen niemals sehen und meine Füße mich niemals zu einer Gesellschaft bringen, in der die Hälfte der Menschen in Schweigen gehalten wird. Ich höre das Brüllen der Frauenstille. Ich spüre das Rumpeln ihres Sturms und spüre die Wut ihrer Revolte."

„Wir müssen lernen, auf Afrikanische Weise leben. Nur so kann man in Freiheit und Würde leben."

„Er, der dich füttert, kontrolliert dich."

„In seiner jetzigen Form ist das imperialistisch gesteuert, ist Schulden eine geschickt gemanagte Wiedereroberung Afrikas mit dem Ziel, sein Wachstum und seine Entwicklung durch ausländische Regeln zu unterdrücken. So wird jeder von uns zum Finanzsklaven, das heißt zum wahren Sklaven."

„Mögen meine Augen niemals sehen und meine Füße mich niemals zu einer Gesellschaft bringen, in der die Hälfte der Menschen in Schweigen gehalten wird."

„Wer dich nicht füttert, Kann von dir nichts verlangen."

„Ungleichheit kann nur durch den Aufbau einer neuen Gesellschaft beseitigt werden, in der Männer und Frauen gleiche Rechte genießen, was auf eine Umwälzung der Produktionsmittel und aller sozialen Beziehungen zurückzuführen ist. Auf diese Weise wird sich der Status von Frauen nur verbessern, wenn das System, das sie ausbeutet, abgeschafft wird."

„Che Guevara hat uns beigebracht, dass wir es wagen können, Vertrauen in uns selbst und in unsere Fähigkeiten zu haben. Er hat uns die Überzeugung vermittelt, dass der Kampf unser einziger Rückgriff ist. Er war ein Bürger der freien Welt, die wir gemeinsam aufbauen. Deshalb sagen wir, dass Che Guevara auch Afrikanisch und Burkinabisch ist."

„Sei niemals beschämt, Afrikaner zu sein."

„Wenn das Volk aufsteht, zittert der Imperialismus."

Burkina Faso auf einer Weltkarte

Teilung Karte von Afrika: 1884-1914

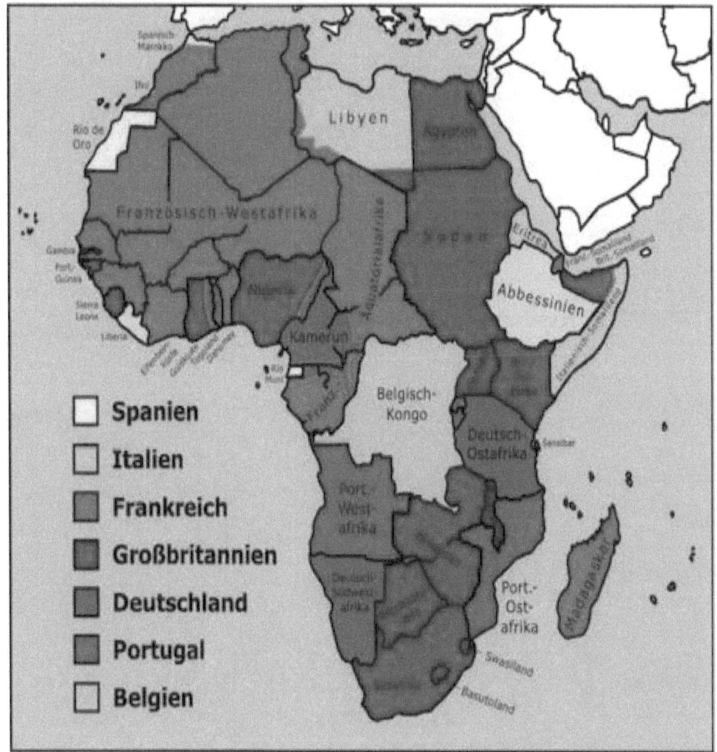

 JANVIER T. CHANDO

Unabhängigkeits Karte der Afrikanischen Länder

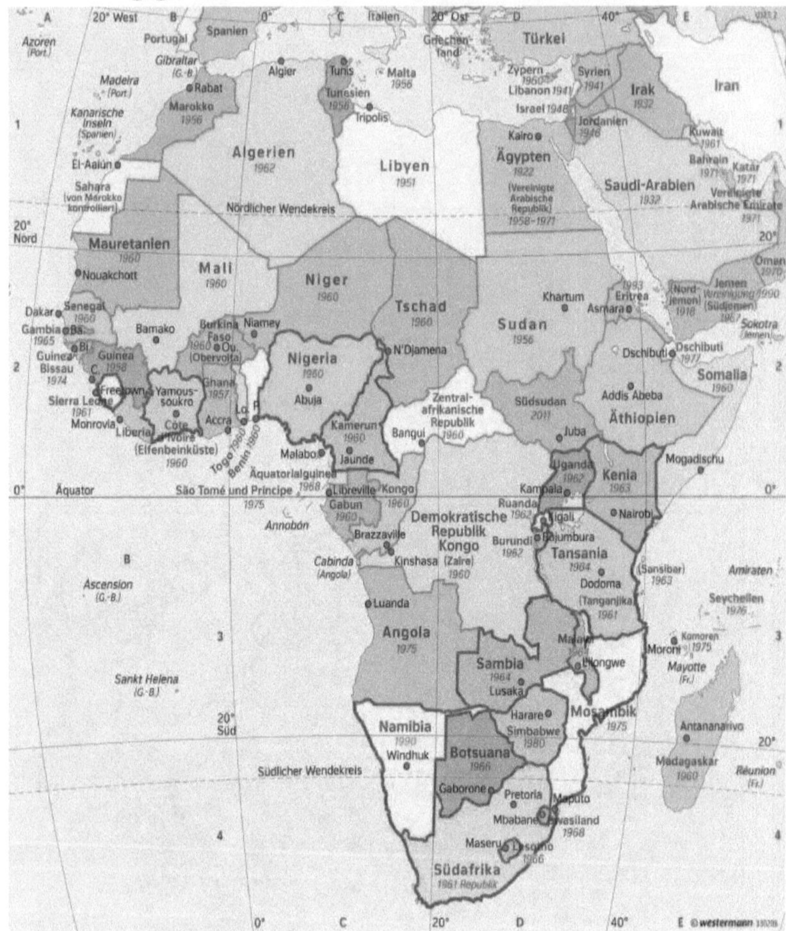

Politische Karte der Afrikanischen Länder

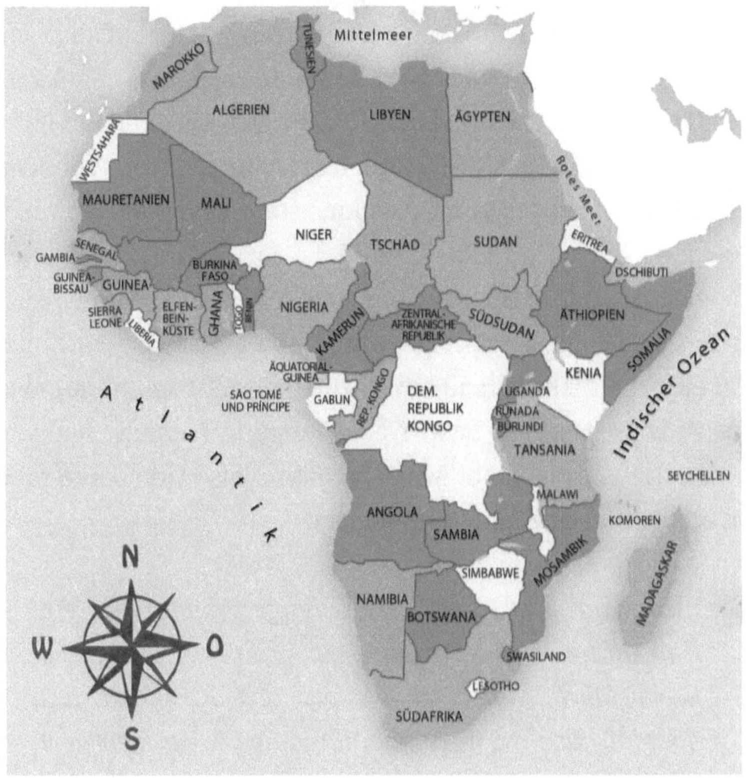

Als Afrika an diesem Morgen des 16. Oktober 1987 aufwachte und vom Tod des charismatischen Staatsoberhauptes von Burkina Faso, Thomas Sankara, erfuhr, breiteten sich Schock, Trauer und Melancholie über dem Kontinent aus. Als weitere Nachrichten einschlugen und berichteten, dass er zusammen mit zwölf anderen bei einem Putsch getötet wurde, der vom damaligen Vizepräsidenten Blaise Compaoré angeführt wurde (der nach dem Putsch Präsident wurde und bis zu seinem Sturz in einem Volksaufstand am 31. Oktober 2014 regierte), die Massen in Burkina Faso waren empört. Thomas Sankara hatte der Welt bekannt gemacht, dass Blaise Compaoré sein Kumpel und engster Vertrauter sei.

Also, wer war also dieser junge Mann, der ein Binnenland in Afrika aus einer Sackgasse herausführte, ein Gebiet, das das Kernland des Songhai-Reiches war, und dann den Menschen dort und ihren Brüdern im Rest Afrikas den Weg in eine Zukunft ohne den erstickenden Einfluss des Neokolonialismus?

****

Die Geschichte beginnt 1949 mit der Geburt von Thomas Sankara am 21. Dezember dieses Jahres in Yako, Obervolta, und wurde mit seinem Tod am 15. Oktober 1987 in Ouagadougou, Burkina Faso, durch die Kugeln seiner Mörder legendär. Wir werden uns jedoch mit den Kapiteln befassen, die sein Leben auf Erden ausmachen, während wir uns eingehender damit befassen, wie er vor seinem frühen Tod zum Führer der burkinischen Revolution wurde.

Sankaras Aufstieg in das höchste Amt des Landes begann nach seiner Ausbildung zum Piloten und nachdem er Kapitän der Obervolta Air Force geworden war. Doch nicht nur seine Fähigkeiten als Pilot machten ihn zu einer beliebten Persönlichkeit in der Landeshauptstadt Ouagadougou, insbesondere nach den Kämpfen im Grenzkrieg von 1974 gegen Mali. Die Tatsache, dass er ein anständiger Gitarrist war und dass er Motorräder mochte, könnte ebenfalls zu seinem Charisma beigetragen haben. Deswegen begrüßten die Landsleute seine Ernennung zum Informationsminister im Jahr 1981 durch Oberst Saye Zerbo, der nach Beendigung der 14-jährigen Herrschaft von Sangoulé Lamizana mit einem Staatsstreich am 25. November 1980, Präsident des Landes wurde. Als er jedoch am 21. April 1982 aus der Regierung ausschied und sich auf die Anti-Arbeiter-Bewegung des Regimes berief, sah die Bevölkerung eine andere lobenswerte Seite seines Charakters, die ungewöhnlich war. Er war unbestechlich.

Der Staatsstreich vom 7. November 1982 unter der Führung von Maj. Dr. Jean-Baptiste Ouédraogo und dem Rat der Volksrettung (CSP), der Oberst Saye Zerbo stürzte, bewirkte die Wiederbelebung von Sankaras Vermögen, als der neue Präsident ihn 1983 zum Premierminister ernannte. Aber dann besuchte Jean-Christophe Mitterrand, der Sohn des französischen Präsidenten Francois Mitterrand, der zufällig Afrika-Berater seines Vaters war, in jenem Jahr Obervolta. Dem Sohn des französischen Präsidenten gefielen die politischen Ideen, die Unverblümtheit und die Unbestechlichkeit des jungen Sankara nicht. Also zwang er den Präsidenten von Upper Volta, Sankara und einige seiner engen Mitarbeiter unter Hausarrest zu stellen. Seine Inhaftierung durch die Behörden löste einen Volksaufstand aus, der nicht eingedämmt werden konnte.

Die Sankara-Saga hätte keine neuen Dimensionen angenommen, wenn nicht eine Gruppe von Männern in Obervolta, heute bekannt als Burkina Faso, beschlossen hätte, eine Revolution zu starten, die es dem Land ermöglichen würde, "die Verantwortung für seine Realität und sein Schicksal mit Menschenwürde zu übernehmen..." Ein von Blaise Compaoré mit Hilfe von Kapitän Henri Bongo, Major Jean-Baptiste Booker Lingam und dem charismatischen Kapitän Thomas Sankara organisierter Staatsstreich setzte Jean-Baptiste Ouedraogo am 4. August 1983 ab. Die erfolgreichen Putschisten erklärten Thomas Sankara zum Anführer.

Der 33-jährige Sankara wurde zu einer prominenten Figur in der Gruppe afrikanischer Führer, die dem Kontinent im Allgemeinen und ihren Ländern im Besonderen eine neue gesellschaftspolitische Dimension geben wollten, die frei von den Fesseln des Neokolonialismus, insbesondere der Überheblichkeit, war Französische Kontrolle über seine ehemaligen afrikanischen Kolonien und Gebiete.

Karte der Afrikanischen Kolonien

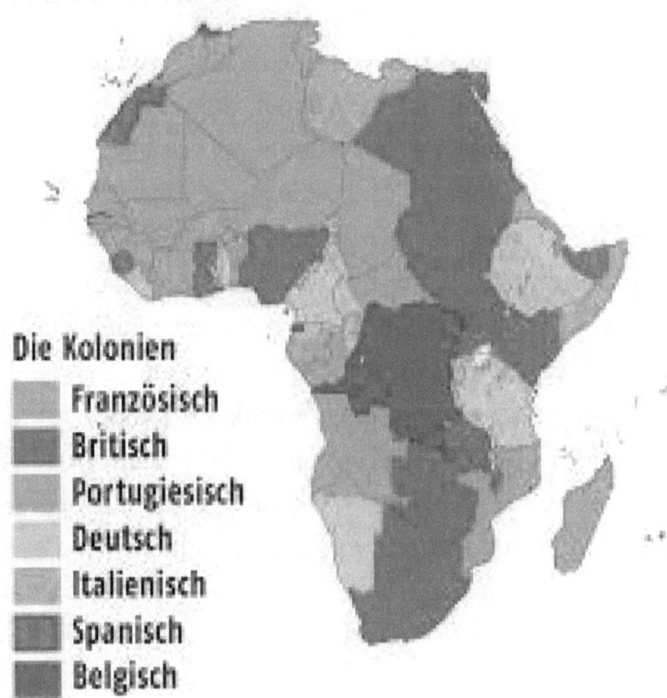

Thomas Sankara, der charismatische linksgerichtete Führer eines Landes im Herzen Westafrikas, erhielt manchmal den Spitznamen „Tom Sank" und wurde von einigen seiner Bewunderer als „afrikanischer Che Guevara" angesehen, noch bevor er Staatsoberhaupt des Landes wurde, Westafrikanisches Land nach dem Putsch, den sein Freund Blaise Compaoré geleitet hatte.

****

Ein Jahr nach der Übernahme des höchsten Amtes des Landes startete Sankara die ehrgeizigsten Programme für sozialen und wirtschaftlichen Wandel, die jemals in einem der Länder des Afrikanischen Kontinents versucht wurden. Er änderte den Namen des Landes von Obervolta nach Burkina Faso, was in Mossi und Dyula, den beiden Hauptsprachen des Landes, "das Land der aufrechten Menschen" bedeutet. Er kam auch mit einer neuen Flagge und einer neuen Hymne für das begeisterte Land.

Der junge Präsident würde die Politik des Landes auf die Bekämpfung von Korruption, Wiederaufforstung, Vermeidung von Hungersnöten und darauf ausrichten, Bildung und Gesundheitsversorgung zu echten Prioritäten für die Nation zu machen.

Seine Innenpolitik konzentrierte sich auf:

- Verhinderung einer Hungersnot durch landwirtschaftliche Selbstversorgung und eine Landreform, die drei Jahre nach seiner Präsidentschaft zur Selbstversorgung mit Nahrungsmitteln führte

- Bildung zu einer Priorität zu machen, die die Regierung durch eine landesweite Alphabetisierungskampagne unermüdlich verfolgte

- Förderung der öffentlichen Gesundheit durch Impfung von 2.500.000 (2,5 Millionen) Kindern gegen Meningitis, Gelbfieber und Masern.

Weitere lobenswerte Aspekte seiner nationalen Agenda waren:

- das Pflanzen von über 10.000.000 (zehn Millionen) Bäumen, was einen großen Beitrag dazu geleistet hat, die wachsende Wüstenbildung der Sahelzone zu stoppen

- die Verdopplung der Weizenproduktion durch die Umverteilung von Land von Feudalherren an Bauer

- die Aussetzung ländlicher Kopfsteuern und inländischer Mieten

- und der Start eines ehrgeizigen Straßen- und Eisenbahnbauprogramms, um „die Nation zusammenzuschweißen".

Auf lokaler Ebene leitete Sankara auch die Bemühungen jedes Dorfes, eine medizinische Apotheke zu errichten, und über 350 Gemeinden, Schulen mit eigenen Arbeitskräften zu bauen.

Gleich nach seiner Machtübernahme wurde er zum Verfechter der Frauenemanzipation und -rechte in Afrika. Tatsächlich wurde dies durch sein Verbot der weiblichen Genitalverstümmelung bestätigt; seine Abschaffung von Zwangsheiraten, Kinderehen und Polygamie; sowie durch seine Politik und Bemühungen, Frauen zu ermutigen, Führungspositionen in Regierung und Gesellschaft einzunehmen, insbesondere durch die Ernennung von Frauen in hohen Regierungspositionen, und sie zu ermutigen, außerhalb des Hauses zu arbeiten und in der Schule zu bleiben, selbst wenn sie schwanger wurden. Als er das schrieb:

„Die Revolution und die Befreiung der Frauen gehören zusammen. Wir sprechen nicht von Frauenemanzipation als Akt der Nächstenliebe oder wegen einer Welle menschlichen Mitgefühls. Es ist eine grundlegende Notwendigkeit für den Triumph der Revolution. Frauen halten die andere Hälfte des Himmels hoch."

Es war ein Ausdruck seiner Entschlossenheit, das Wohlergehen der Frauen in seinem Land und in Afrika zu verbessern.

Sankara und Fidel Castro aus Kuba

****

Sankara verfolgte eine Außenpolitik, die den Imperialismus nicht duldete, und förderte die Zusammenarbeit auf der Grundlage des Respekts und der Anerkennung der Interessen von Burkina Faso sowie der Interessen der anderen Parteien, die mit Burkina Faso zu tun hatten. Dies führte dazu, dass seine Regierung jegliche ausländische Hilfe ablehnte, in kühner Weise auf einen Schuldenabbau drängte, alle Grundstücke und Bodenschätze verstaatlichte und dadurch die Macht und den Einfluss des Internationalen Währungsfonds (IWF) und seiner Schwesterfinanzinstitution, der Weltbank, abwendete.

Einer der Gründe, warum die globalen Eliten erwarteten, dass Burkina Faso seinem ehemaligen Kolonialherrn und den internationalen Finanzinstitutionen weiterhin unterwürfig sein würde, war, dass es zu dieser Zeit eines der ärmsten Länder der Welt war. Aber Sankara war anders. Er war fest davon überzeugt, dass das Land ohne ausländische Hilfe vorbeikommen und sich selbst ernähren könne. Er ging sogar so weit, Hilfspakete aus dem Internationalen Währungsfonds abzulehnen, "Unterstützung" von de internationale Finanzorganisation mit Bedingungen, die die Souveränität von Burkina Faso gefährdeten, wie er es sah. Er artikulierte diese Haltung der Unabhängigkeit durch zahlreiche Schriften, Reden,

Interviews und anderen Austausch. Leider war Sankara eine Stimme in der Wildnis, indem er die Aufrichtigkeit in einer Zeit kurz nach der Unabhängigkeit der 1960er Jahre verkörperte, als die meisten revolutionären, panafrikanistischen und gewagten Führer des Kontinents durch Drohungen und Sanktionen getötet, gestürzt und eingeschüchtert oder gedemütigt worden waren , Sabotage und andere aktive Maßnahmen. Er glaubte, auf dem Gipfeltreffen der Organisation für Afrikanische Einheit im Juli 1987 ein Forum gefunden zu haben, um seinen Kreuzzug zu verkaufen, wo er versuchte, die Staatsoberhäupter anderer afrikanischer Länder davon zu überzeugen, gemeinsam zu handeln, und ihre finanziellen Schulden nicht an ihre ehemaligen Kolonisatoren zahlen. Er wies darauf hin:

„Die Ursprünge der Schulden gehen auf die Ursprünge des Kolonialismus zurück ... Wir können die Schulden nicht zurückzahlen, weil wir nicht für diese Schulden verantwortlich sind. Im Gegenteil, andere schulden uns etwas, für das kein Geld bezahlen kann. Das heißt, die Schuld des Blutes... "

Obwohl Sankaras revolutionäre Programme zur Selbständigkeit ihn in den Augen vieler armer Afrikaner zu einer Ikone machten und seine Popularität bei den meisten verarmten Bürgern von Burkina Faso steigerten, untergrub seine Politik die unverfallbares Interessen einer breiten Palette von Gruppen (die Die frankophile burkinische

Mittelschicht, Die Stammesführer, die waren wütend dass er ihnen die traditionellen Privilegien für Zwangsarbeit und Tributzahlungen genommen hat, und Frankreich und sein Verbündeter die Elfenbeinküste unter Félix Houphouet-Boigny, den er als einen angesehen hatte Marionette von Frankreich). Als Blaise Compaoré am 15. Oktober 1987 seinen Sturz und seine Ermordung orchestrierte, fragten sich viele Menschen (Burkiner und Nicht-Burkinaben), ob er es nicht kommen sah. Immerhin hatte er eine Woche vor seiner Ermordung erklärt, dass:

"Während Revolutionäre als Individuen ermordet werden können, Kann man Ideen nicht töten."

Seine Intuition war in Ordnung. Aber anscheinend war er nicht bereit, diejenigen zu untersuchen und zu eliminieren, mit denen er eng zusammengearbeitet hatte - ein Schrecken an sich, der im Laufe der Jahrhunderte Revolutionen befallen hat. Er verstand, wie viele große Persönlichkeiten in der Geschichte, dass es nicht Ihre Schuld ist, wenn Menschen in Ihrer Nähe Sie verraten, insbesondere, wenn Sie als Führer niemals böse Absichten gegen Ihre Mitarbeiter oder Kameraden hegten. Tatsächlich hatte er am Morgen seines Todes eine Kopie einer Rede bei sich, die er in der Nacht zuvor vorbereitet hatte, um die ideologischen Kluft zwischen den Fraktionen in seiner Regierung zu überbrücken. Ein Auszug davon lautet wie folgt:

„Bei allen Widersprüchen, bei allen Widerständen

werden Lösungen gefunden, solange das Vertrauen herrscht... "

Aber er konnte diese Rede in der Ratssitzung an diesem Morgen nicht lesen, weil Maschinengewehrschüsse das Verfahren kurz vor Beginn unterbrachen, gefolgt von Schreien, die allen befahlen, auszusteigen. Er ließ seine angsterfüllten Minister wissen, dass die bewaffneten Männer ihn suchten, befahl ihnen, sitzen zu bleiben, hob die Hände in die Luft und ging hinaus, um seine Leibwächter tot auf der Treppe zu finden. Die Truppe der angreifenden Soldaten eröffnete blitzschnell das Feuer auf ihn.

Als die Nachricht von Thomas Sankaras Ermordung am 15. Oktober 1987 bekannt wurde, kurz nachdem er und zwölf andere Beamte bei einem Staatsstreich getötet worden waren, den sein ehemaliger Kollege Blaise Compaoré organisiert hatte, wurde dies mit Empörung, Trauer, Besorgnis und Unglauben aufgenommen in vielen Ländern der Welt. Aber nirgendwo war die Trauer so groß wie in Burkina Faso und im restlichen Afrika, wo er von den Massen als Leuchtfeuer der Hoffnung im einem Kontinent angesehen wurde, der von bösartigen Führern dominiert wurde, von denen die meisten Marionetten ausländischer Mächte waren. Blaise Compaoré sorgte nicht nur dafür, dass Sankara in einem nicht gekennzeichneten Grab begraben wurde, er entweihte auch Sankaras Erbe, indem er den größten Teil seiner Politik rückgängig machte und Burkina Faso mit den ausländischen Führern und Ländern neu ausrichtete, die Sankara feindlich gesinnt waren, vor allem Burkina Fasos ehemaliger Kolonialherr Frankreich. Viele Menschen, die sich mit der Geschichte auskennen, verloren keine Zeit, um Blaise Compaoré mit dem Brutus (Marcus Julius Brutus) zu vergleichen, einem Politiker der Römischen Republik, der an der Ermordung seines engen Freundes, des römischen Kaisers Julius Cäsar, beteiligt war.

Die Tatsache, dass Blaise Compaoré verhaftet Henri Zongo und Jean-Baptiste Boukary Lingani, mit denen er anfangs in einem Triumvirat zusammengearbeitet hatte, beschuldigte ihnen den Plan, den Sturz seiner Regierung geplant zu haben, kurz versucht ihnen, und ließ sie dann hinrichten im September 1989, bewies, dass Sankara war ein vertrauensvolles und vertrauenswürdiges Mitglied dieser Gruppe, die 1983 die Macht ergriff und die burkinische Revolution begann.

Sankaras Bestreben, die ehrgeizigsten Programme für sozialen und wirtschaftlichen Wandel zu verwirklichen, die jemals auf dem afrikanischen Kontinent versucht wurden, endete als teilweise verwirklichter Traum, aber es war eine Vision, die geschätzt wird, um die Hoffnungen der afrikanischen Jugend zu wecken. Heute ist er drei Jahrzehnte nach seinem Tod eine Legende in seinem Land und Afrika.

Antonio de Figueiredo, ein Journalist, Aktivist und Rundfunksprecher, der sich für die Befreiung der afrikanischen Kolonien Portugals einsetzte und mehr als jeder andere tat, um das Problem der kolonialen Unterdrückung in Angola, Mosambik, Guinea und Kap Verde ins Bewusstsein der englischsprachigen Bevölkerung zu rücken Welt, verstand das Ausmaß von Thomas Sankaras Einfluss, als er im Februar 2008 schrieb:

„Afrika und die Welt müssen sich noch von Sankaras Ermordung erholen. So wie wir uns noch von dem Verlust von Patrice Lumumba, Kwame Nkrumah, Eduardo Mondlane, Amílcar Cabral, Steve Biko, Samora Machel und zuletzt John Garang erholen müssen, um nur einige zu nennen. Obwohl böswillige Kräfte nicht die gleichen Methoden angewendet haben, um jeden dieser großen Panafrikaner zu eliminieren, wurden sie von demselben Motiv geleitet: Afrika in Ketten zu halten. "

Thomas Sankara, das revolutionäre und kurzlebige Staatsoberhaupt von Burkina Faso, das sein Gehalt auf 450 Dollar reduzierte, die Flotte der Regierung mit Mercedes-Benz-Autos verkaufte, die Zuteilung von Chauffeuren für Regierungsbeamte verbot und den Renault 5 zum offiziellen Auto machte, wurde Gedenkfeier in Burkina Faso, Mali, Senegal, Niger, Tansania, Burundi, Frankreich, Kanada und den Vereinigten Staaten am 15. Oktober 2007, zwanzig Jahre nach seiner Ermordung. Die schmerzlich vermisste afrikanische Legende, die von den neokolonialen Kräften dieser Welt und ihren afrikanischen Marionetten und Kompradoren aus der geopolitischen Arena verbannt wurde, zu einer Zeit, in der er den Traum vom Panafrikanismus wiederbelebte, wurde 2015 auf Wunsch seiner Familie exhumiert.

Die Exhumierung erfolgte ein Jahr nach dem Volksaufstand, der Blaise Compaoré aus der Macht drängte und ihn zwang, aus Burkina Faso ins Exil an der benachbarten Elfenbeinküste zu fliehen. Die öffentliche Wut gegen Blaise Compaoré, die sich seit der Ermordung von Sankara im Jahr 1987 aufgebaut hatte, schwappte nach Compaorés Versuch von 2014, die Verfassung zu ändern, auf die Straßen über. Die Verfassungsänderung hätte es ihm ermöglicht, zum fünften Mal und für zwei weitere Amtszeiten erneut für ein Amt zu kandidieren, was allgemein als Wahlmaskeraden gilt – ein Trend, der in autoritären und hybriden Regimen zu beobachten ist, insbesondere im frankophonen Afrika, in dem die abgehaltenen Wahlen vorbestimmt sind, obwohl die Beteiligten den gesamten Prozess als demokratisch vortäuschen und dadurch den Autoritarismus ihrer politischen Systeme unter einem dünnen Schleier wahlberechtigter Legitimität verbergen. Der Spielplan sieht auch vor, dass ihre Marionettenmeister - die Großmächte, normalerweise westliche - der Maskerade ihre Zustimmung mit Glückwunschbotschaften an die amtierenden Staatsoberhäupter oder ihre gewählten Nachfolger erteilen und damit die Wahlergebnisse effektiv anerkennen. und Aufrechterhaltung der Kompradoren und des Systems gegen das Interesse der Menschen und des Landes. Blaise Compaoré versuchte, Paul Biya aus Kamerun (seit 1982 an der Macht) nachzuahmen, der 2008 die Verfassung des Landes erneut änderte, um ihm zwei Amtszeiten von sieben Jahren zu ermöglichen, und dann seine Sicherheitskräfte einsetzte, um die herausgekommenen Kameruner zu vernichten auf die Straße, um ihre Missbilligung zu zeigen, und tötete dabei 150 Demonstranten. Aber Compaoré war nicht so schlau wie sein kamerunischer Amtskollege, der noch unbeliebter war, aber es schaffte, mit seinem Glücksspiel davonzukommen.

Ein Autopsie Bericht, der an den exhumierten Überresten von Thomas Sankara durchgeführt wurde, enthüllte, dass der antiimperialistische Revolutionär an Dutzenden von Schusswunden starb, was die schwache Behauptung ausschließt, dass seine Attentäter ihn versehentlich getötet hätten, wie sein einst engster Freund und Nachfolger Blaise Compaoré, zu überzeugen versuchte die Welt nach seinem Tod. Wie Ambroise Farama, einer der Anwälte der Familie Sankara, sagte, war es „... umwerfend ... man könnte sagen, er war schlicht und einfach mit Kugeln durchsetzt..." Im Gegenteil, die Autopsien an den Körpern der anderen 12 Soldaten, die 1987 mit Sankara getötet und begraben wurden, gaben an, nur ein oder zwei Schusswunden erlitten zu haben.

Burkina Faso stellte im März 2019 in der Hauptstadt Ouagadougou das Erbe von Thomas Sankara als Revolutionär, Panafrikanist, Umweltschützer, Feminist und Humanist mit einer Bronzestatue wieder her. Die Statue würde jedoch ein Jahr später im Mai 2020 korrigiert Dadurch wird es imposanter und lebendiger als das vorherige.

Burkina Faso stellte im März 2019 in der Hauptstadt Ouagadougou das Erbe von Thomas Sankara als Revolutionär, Panafrikanist, Umweltschützer, Feminist und

Humanist mit einer Bronzestatue wieder her. Die Statue würde jedoch ein Jahr später im Mai 2020 korrigiert Dadurch wird es imposanter und lebendiger als das vorherige.

Eine Statue von Thomas Sankara im Mai 2020

Drei Jahrzehnte nach der Ermordung von Thomas Sankara behalten sich die Jugendlichen Afrikas, die versuchen, sich zu orientieren, immer noch einen hohen Platz für die afrikanische revolutionäre Ikone als eine der seltenen zeitgenössischen Figuren vor, die der Kontinent hervorgebracht hat und die als Vorbild gepriesen werden können und eine Figur, mit der man sich identifizieren kann. Sein Erbe wächst schnell über Afrika hinaus, da immer mehr Menschen ihn als Vorläufer des Umweltkampfes, als herausragende Persönlichkeit in der Sache gegen den Finanzglobalismus, als Verfechter der

Nichtzahlung unrechtmäßiger Schulden und als Prototyp von anerkennen eigenständige Entwicklung gegen das liberale Entwicklungsmodell, das nur einer kleinen Minderheit zugutekommt.

Zahlreiche Bücher, Artikel und andere Kunstwerke verherrlichen heute die selbstlose Afrikanische Legende, wer es sich zur Aufgabe gemacht hatte, die Menschen auf die Beine zu stellen und ihnen den Weg zu einer Zukunft ohne neokolonialen Einfluss zu weisen, die in Handel und Finanzen verpackt ist und importierte Kulturen, die die Stärke der kommunalistischen Afrikanischen Werte und die Heiligkeit der Familie untergraben.

Demokratie Index: Afrika und die Welt

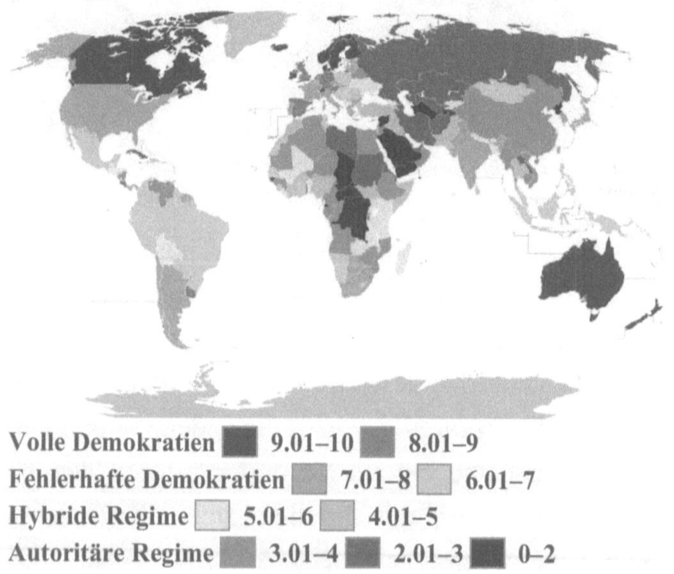

Politische Karte der Afrikanischen Länder

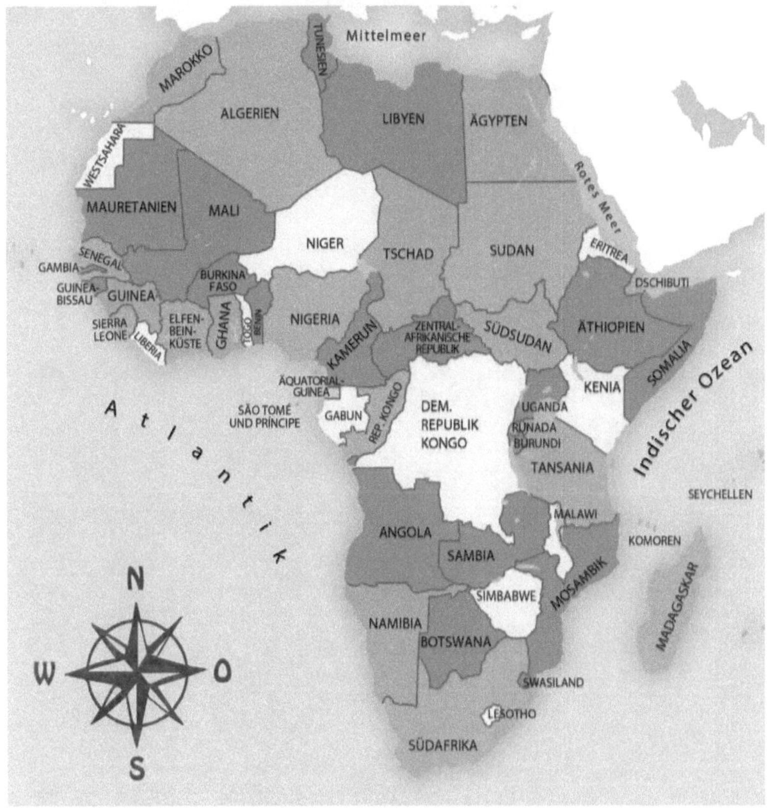

Kapitel Vier

Muammar al-Qaddafi

Zitate von Muammar Gaddafi

„Es muss eine Weltrevolution geben, die allen materialistischen Bedingungen ein Ende setzt, die Frauen daran hindern, ihre natürliche Rolle im Leben zu spielen und sie dazu zu bewegen, die Pflichten der Männer zu erfüllen, um gleiche Rechte zu haben."

„Nationen, deren Nationalismus ist zerstört, sind dem Untergang ausgesetzt."

„Die Freiheit des Menschen fehlt, wenn jemand anderes kontrolliert, was er braucht, denn die Not kann dazu führen, dass der Mensch versklavt wird."

„Sobald ein Herrscher religiös wird, können Sie nicht mehr mit ihm diskutieren. Wenn jemand im Namen der Religion regiert, wird dein Leben zur Hölle."

„Lassen Sie die freien Menschen der Welt wissen, dass wir für ein persönliches, sicheres und stabiles Leben verhandelt und unsere Sache verkauft haben könnten. Zu diesem Zweck haben wir viele Angebote erhalten, aber wir haben uns entschlossen, als Zeichen der Pflicht und Ehre an der Spitze der Konfrontation zu stehen."

„Ich habe nichts als Verachtung für den Gedanken einer islamischen Bombe. Es gibt keine islamische oder christliche Bombe. Jede solche Waffe ist ein Mittel, um die Menschheit zu terrorisieren, und wir sind gegen die Herstellung und den Erwerb von Atomwaffen. Dies steht im Einklang mit unserer Definition von Terrorismus und seiner Ablehnung."

„Ich werde nicht an einer Verschwörung teilnehmen, um die Araber gegen die Perser zu mobilisieren. Nur die Kräfte des Kolonialismus profitieren von einer solchen Verschwörung. Ich werde keine Partei einer Verschwörung sein, die den Islam in zwei Teile spaltet — den schiitischen Islam und den sunnitischen Islam — und den sunnitischen Islam gegen den schiitischen Islam mobilisiert."

„Die Zeiten des arabischen Nationalismus und der Einheit sind für immer vorbei. Diese Ideen, die die Massen mobilisierten, sind nur eine wertlose Währung. Libyen musste sich zu viel von den Arabern gefallen lassen, für die es sowohl Blut als auch Geld vergossen hat."

Libyen auf einer Weltkarte

Libyen und die Arabische Welt

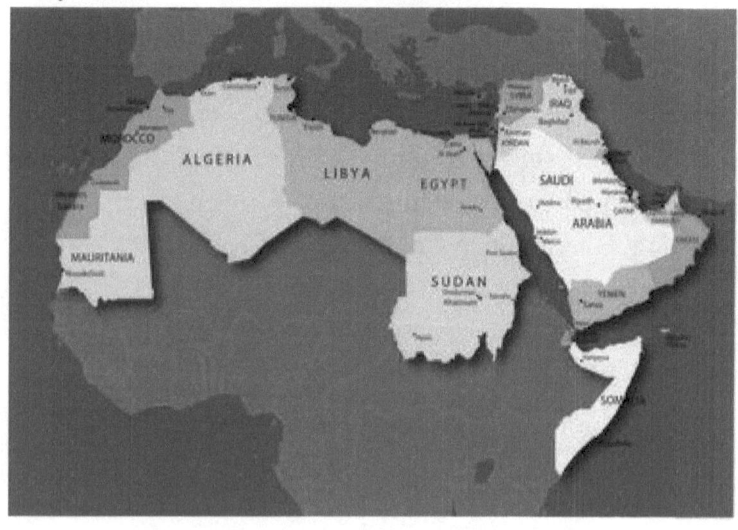

Der Arabische Frühling und seine Auswirkungen

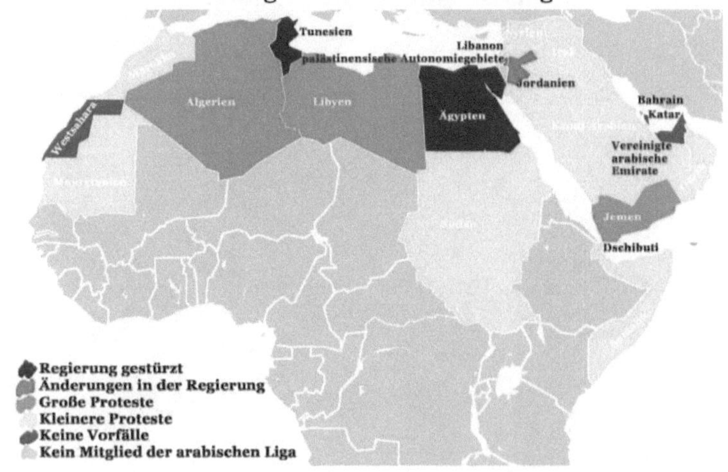

Teilung Karte von Afrika: 1884-1914

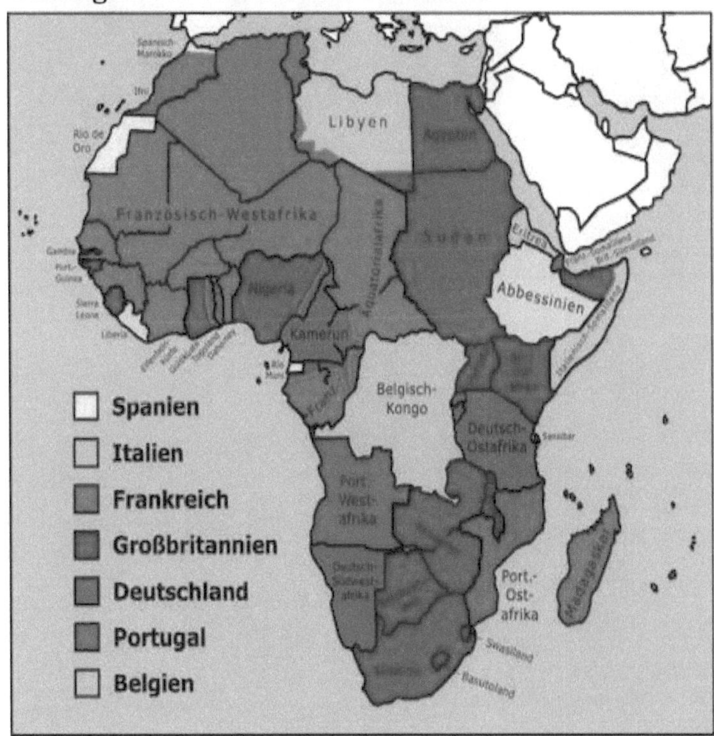

Politische Karte der Afrikanischen Länder

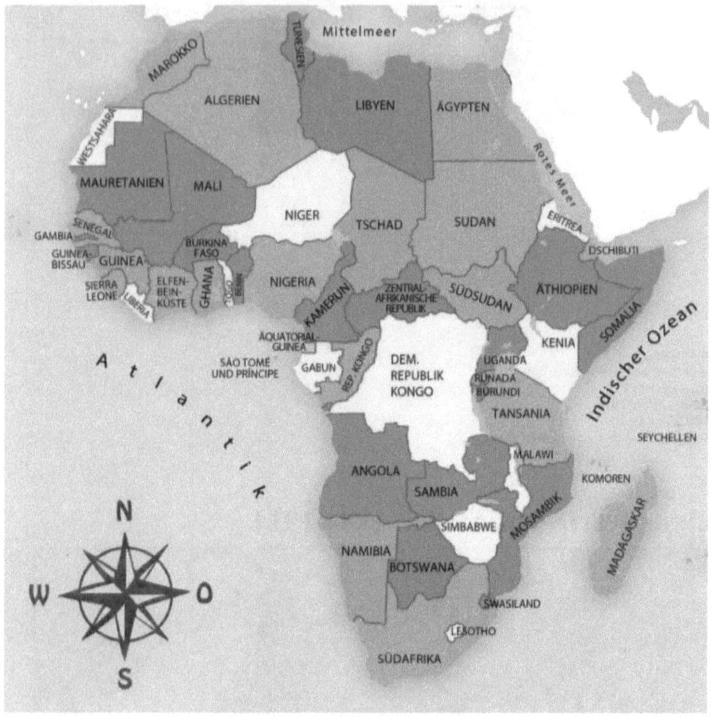

Noch eine Weile wird die Geschichte von Muammar al-Gaddafi in wichtigen politischen Diskursen in ganz Afrika und im Nahen Osten präsent sein; und sein Leben und vor allem sein Tod würden hin und wieder eine Quelle der Befriedigung, der Irritation, der Kontroverse, der Rüge, der Wut und des Ekels im Rest der Welt sein.

Wie konnte diese spalterische Figur, die vier Jahrzehnte lang die libysche Politik dominierte, die arabische und dann afrikanische Einheit unterstützte, die die Lebensqualität der Libyer erheblich verbesserte, sie zum Neid des restlichen Afrikas machte und die von einigen für seine antiimperialistische Haltung gelobt wurde schließlich isoliert, von der NATO (North Atlantic Treaty Organization — Nordatlantikpakt-Organisation) heimgesucht und schließlich von Libyern in einem Bürgerkrieg getötet in dem seine ausländischen Feinde mit den libyschen Rebellen kämpften? Warum wurde er von islamischen Fundamentalisten heftig bekämpft, von westlichen Mächten als Diktator verurteilt, der die Menschenrechte seines Volkes verletzte und den globalen Terrorismus finanzierte, und warum wurde er von denen, mit denen er zusammenarbeiten wollte, auf Distanz gehalten?

Wir können einige der Antworten aus dem untenstehenden Konto finden.

****

Der umstrittene Muammar al-Gaddafi, der bis zu seinem Sturz und Tod am 20. Oktober 2011 Afrikas dienstältestes Staatsoberhaupt war, wurde am 7. Juni 1942 Sohn einer Stammesfamilie namens al-Qadhafah in der zentralen Küstensiedlung Sirte geboren, Libyen zu einer Zeit, als Libyen eine italienische Kolonie war. Als Libyen 1951 als Vereinigtes Königreich Libyen, eine konstitutionelle und erbliche Monarchie unter dem mit dem Westen verbündeten König Idris, die Unabhängigkeit erlangte; Gaddafi wusste kaum, was um ihn herum vor sich ging. Als junger Mann beeinflusste ihn jedoch die arabische nationalistische Bewegung stark, und er bewunderte ihren Anführer, den ägyptischen starken Mann Gamal Abdel Nasser, bis zu dem Punkt, an dem er beschloss, Soldat wie sein ägyptischer Held zu werden, ein Traum, den er sich erfüllte, indem er eintrat, 1961 an der Militärhochschule in der ostlibyschen Stadt Bengasi. Schließlich verbrachte er eine viermonatige militärische Ausbildung im Vereinigten Königreich.

Unabhängigkeit Karte der Afrikanischen Länder

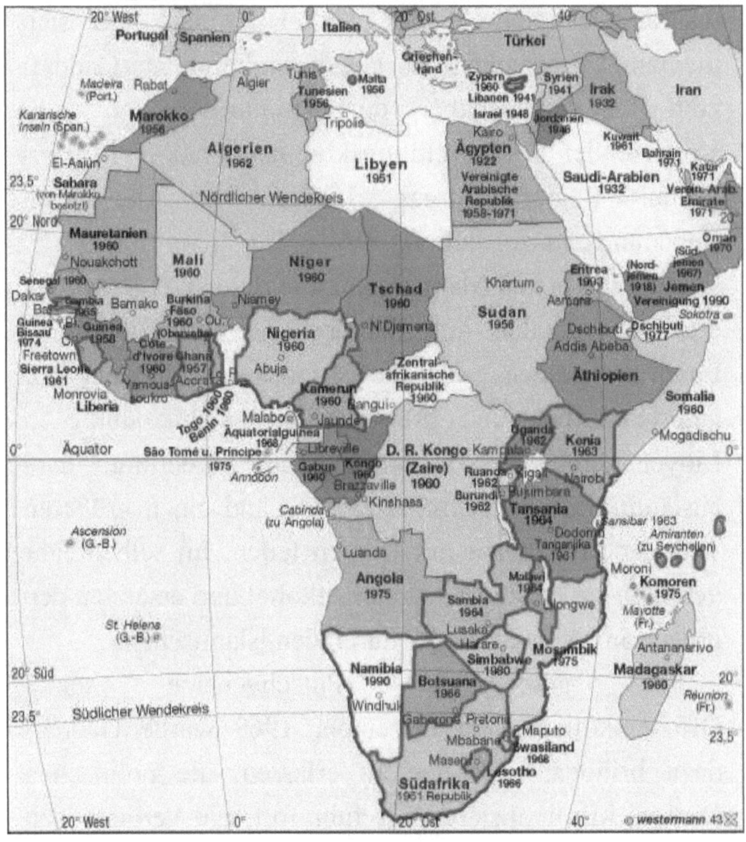

In Libyen stieg Gaddafi stetig in den Reihen des Militärs auf, als die Ausbeutung des Öls Reichtum in das Land brachte. Allerdings wuchs die Unzufriedenheit über die zunehmende Konzentration des Reichtums der Nation in den Händen von König Idris. In dieser Zeit wurde der talentierte und charismatische Gaddafi Teil einer Bewegung junger Offiziere, die darauf aus waren, den König zu stürzen. Er würde schließlich an die Macht in der Gruppe aufsteigen, um die Position der Führung.

Am 1. September 1969 stürzte die Gruppe König Idris, während er sich in der Türkei aufhielt, um sich medizinisch behandeln zu lassen, und ernannte Gaddafi zum Oberbefehlshaber der Streitkräfte und zum Vorsitzenden des Revolutionskommandorats — Libyens neuem Regierungsorgan Libyen im Alter von siebenundzwanzig Jahren.

Eine der ersten Maßnahmen, die die neuen Behörden ergriffen, um ihre Autorität über das nordafrikanische Land zu prägen, war die sofortige Schließung der amerikanischen und britischen Militärstützpunkte in Libyen und ihre nachdrückliche Forderung, dass ausländische Ölgesellschaften im Land einen größeren Teil der Einnahmen mit Libyen teilen. Im selben Jahr verboten sie den Verkauf von Alkohol und ersetzten den gregorianischen Kalender durch den islamischen.

Ein gescheiterter Putschversuch seiner Offizierskollegen im Dezember 1969 würde Gaddafi dazu bringen, Gesetze zu erlassen, die politischen Dissens kriminalisieren. Er fuhr fort, die verbliebenen Italiener 1970 aus Libyen zu vertreiben und betonte, was er als einen Kampf zwischen arabischem Nationalismus und westlichem Imperialismus ansah. Dies würde auch dazu führen, dass er sich lautstark gegen den Zionismus und Israel ausspricht, was in seiner Vertreibung der jüdischen Gemeinde aus dem Land gipfelte. Als sich die Beziehungen zum Westen immer weiter verschlechterten, wurde Gaddafis innerer Kreis von vertrauenswürdigen Leuten immer kleiner, was zu einem Polizeistaat führte, dessen Geheimdienstagenten kühn genug waren, sogar Libyer, die im Exil lebten, zu verfolgen, von wen sie annahmen, dass sie mit den Feinden des libyschen Staates zusammenarbeiteten.

In den ersten Jahren seiner Herrschaft unternahm Gaddafi energische Versuche, Libyen vom Westen weg in Richtung Mittlerer Osten und Afrika zu orientieren. Nach der Unterzeichnung des Ägyptisch-Israelischen Friedensabkommens zwischen Nassers Nachfolger Anwar Sadat und dem rechten Ministerpräsidenten Israels Menachem Begin geriet Libyen jedoch in einen militärischen Konflikt mit Ägypten und dem Sudan. Libyen würde sogar in den blutigen Bürgerkrieg im Tschad gegen die pro-Französische Fraktion im Konflikt verwickelt werden.

****

Als Gaddafi in den 1970er Jahren den ersten Band des Green Book veröffentlichte, ein dreibändiges Werk, das die Probleme dcr liberalen Demokratie und des Kapitalismus beschreibt, zog er die Augenbrauen hoch, weil seine Gegner darin mehr als eine Erklärung seiner politischen Philosophie sahen. Tatsächlich zielte das Buch darauf ab, seine Politik zu fördern, um die beschriebenen Probleme zu lösen. Seine anderen Behauptungen, dass ihr neues Libyen über Volkskomitees und gemeinsame Eigentumsverhältnisse verfüge, stießen in mehreren Quartalen auf Besorgnis, obwohl die Ideen in dem Buch in Libyen nicht so reflektiert wurden, wie er behauptete.

Selbst als das Wohlergehen des durchschnittlichen Libyers unter seiner Herrschaft so weit besser wurde, dass er der Beste in Afrika wurde, waren Gaddafis ausländische Feinde nicht die einzigen, die eine Dosis Exzentrik in seinem Herrschaftsstil bemerkten. Die Tatsache, dass er einen Kader weiblicher Leibwächter in Fersen hatte, obwohl Libyen ein muslimisches Land war, das in einer Region lag, in der die Fragen der Frauenrechte immer noch ein sozialer Rückstau waren; die Tatsache, dass er sich selbst als König von Afrika betrachtete, nachdem einige afrikanische Führer sein Streben nach einer Afrikanischen Union geschätzt und ihm den Titel verliehen hatten; die Tatsache, dass er dafür bekannt war, ein Zelt aufzustellen, in dem er bleiben konnte, wenn er ins Ausland reiste; die Tatsache, dass er sich in Outfits kleidete, die, obwohl sie in mehreren Teilen Afrikas erkennbar waren, nicht der diplomatischen Norm entsprachen; die Tatsache, dass er nicht politisch korrekt war und oft seine Meinung in einer Welt sagte, in der die meisten Führer es vorzogen, die Dinge unter dem Radar zu halten; und die Tatsache, dass er Libyen nicht zum Vasallen einer der Großmächte werden ließ, machte ihn in vielen Kreisen der Macht zu einer losen Kanone.

Von links nach rechts: Gaddafi, Yasser Arafat von der Palästinensischen Befreiungsorganisation, der Ägypter Abdel Nasser und Jordaniens König Hussein (1970)

Ronald Reagan, der 40. Präsident der Vereinigten Staaten von Amerika, nannte Gaddafi "Der verrückte Hund des Nahen Ostens", nachdem er zu dem Schluss gekommen war, dass der Libysche Führer skrupellos gegen die Dissidenten war, die sich seiner autokratischen Herrschaft in Libyen widersetzten, und dass Gaddafi seine Agenten ermutigte, seine Gegner im Ausland zu jagen und zu töten. Gaddafis Regierung war auch an der Finanzierung antiwestlicher Gruppen auf der ganzen Welt beteiligt, darunter Gruppen, die als terroristische Organisationen gelten, wie der deutsche Baader Meinhof, die japanische Rote Brigade, die irische Republikanische Partei und die zahlreichen Palästinensischen Gruppen, die gegen Israel kämpfen; Die Tatsache, dass er auch mehrere

Befreiungsbewegungen in Afrika unterstützte, wie den ANC (*African National Congress* — Afrikanischer National Kongress) in seiner Kampagne gegen die Apartheid in Südafrika, die MPLA (*Movimento Popular de Libertação de Angola* — Volksbewegung für die Befreiung Angolas) gegen den Portugiesischen Kolonialmeister in Angola, die FRELIMO (*Frente de Libertação de Moçambique* — Befreiungsfront von Mosambik) gegen die Portugiesische Kolonialherrschaft in Mosambik, die SWAPO (*South West Africa People's Organisation* — Volksorganisation Südwestafrikas) gegen den Süden Afrikanische Kolonialherrschaft in Namibia und POLISARIO (*Frente Popular de Liberación de Saguía el Hamra y Río de Oro* — Volksfront für die Befreiung von Saguía el Hamra und Río de Oro) gegen die Marokkanische Besetzung der ehemaligen spanischen Westsahara gegen den kollektiven Wunsch der Bevölkerung und der internationalen Gemeinschaft; und die Tatsache, dass er Staatsstreiche gegen Afrikanische Staatsoberhäupter finanzierte, die er als westliche Marionetten betrachtete, machte ihn in der Welt der „zivilisierten Nationen" zu einem Ärgernis.

Nach einem Bombenanschlag auf einen West-Berliner Tanzclub in Deutschland im Jahr 1986, bei dem drei Menschen getötet und zahlreiche Menschen verletzt wurden, machten die Vereinigten Staaten von Amerika Libyen für den Terroranschlag verantwortlich, und US-Präsident Ronald Reagan befahl die Bombardierung bestimmter Ziele in Libyen, einschließlich Gaddafis

Wohnsitz in der libyschen Hauptstadt Tripolis. In der Kampagne verloren die Vereinigten Staaten ein Flugzeug, das abgeschossen wurde, was zum Tod von zwei seiner Besatzungsmitglieder führte. Gaddafi wurde im Militärfeldzug nicht getötet, aber Libyen verlor 45 Soldaten und Beamte und 15 bis 30 Zivilisten, darunter ein junges Mädchen, von dem Gaddafi behauptete, es sei ihre Adoptivtochter namens Hanna. Zudem wurden Dutzende militärischer Ausrüstung des nordafrikanischen Landes zerstört.

1988 wurde Libyen beschuldigt, die Lockerbie-Bombardierung durchgeführt zu haben, als ein Flugzeug mit 259 Menschen in der Nähe von Lockerbie, Schottland, in die Luft flog und alle Passagiere an Bord tötete. Die daraus resultierenden herabfallenden Trümmer würden weitere 11 Zivilisten am Boden töten. Die Vereinten Nationen verhängten Sanktionen gegen Libyen, weil es in den Bombenanschlag verwickelt war. Aber das war noch nicht alles. Es wurde auch angenommen, dass mehrere Libyer, darunter ein Schwiegereltern aus Gaddafi, 1989 hinter der Explosion des Französischen Passagierflugzeugs UTA Flight 772 standen, bei der alle 170 Passagiere an Bord des Flugzeugs ums Leben kamen, darunter Bonnie Barnes Pugh, die Frau von Robert L. Pugh , der Botschafter der Vereinigten Staaten in der Republik Tschad, Libyens wichtigster südlicher Nachbar.

Es ist anzunehmen, dass die Annäherung, die in den 1990er Jahren zwischen Libyen und dem Westen begann, auf Gaddafis westlich orientierte Söhne der es schaffte, den Libyschen Führer davon zu überzeugen, dass alles in Ordnung wäre, wenn er Bindungen mit den westlichen Mächten ausbessert. Das Auftauen der Beziehungen zwischen Gaddafi und dem Westen geschah jedoch zu einer Zeit wachsender Bedrohung durch Islamisten, die sich seiner Herrschaft widersetzten. Er begann, Informationen mit den Britischen und amerikanischen Geheimdiensten auszutauschen, um diesen wachsenden islamischen Fundamentalismus einzudämmen und zu neutralisieren.

Gaddafi und der Südafrikaner und Weltikone Nelson Mandela

Als der neue Präsident von Südafrika und Chef der Regierungspartei des Landes, Nelson Mandela,(er hatte 27 Jahre im Apartheid-Gefängnis verbracht, bevor er 1990 freigelassen wurde, was den friedlichen Prozess beim Abbau der Apartheid in Gang setzte), 1994 Libyen besuchte, obwohl das Nord Afrikanische Land einem internationalen Reiseverbot unterlag, waren die westlichen Mächte darüber nicht erfreut. Nelson Mandela überredete den Libyschen Führer jedoch, die beiden Libyschen Staatsbürger abzugeben, die die Vereinigten Staaten von Amerika und ihre westlichen Verbündeten im Verdacht hatten, die Lockerbie-Bombardierung geplant zu haben. Die Welt war überrascht, dass Gaddafi dies akzeptierte. Der Libysche Führer vertraute Nelson Mandela, der tatsächlich der einzige ausländische Führer war, der Libyen während des zwei Jahrzehnte andauernden Embargos für das Land und eines Jahrzehnts andauernden Flugverbots besuchte. Der damalige politische Gefangene und Präsident Südafrikas unternahm die anspruchsvolle Landreise von Ägypten nach Libyen, um die tatkräftige Unterstützung Libyens für die Südafrikanischen Anti-Apartheid-Kräfte im Kampf gegen die Herrschaft der weißen Minderheit des Südafrikanischen Apartheidsystems zu würdigen. Der Besuch der Anti-Apartheid-Ikone und des bekannten Südafrikanischen Staatsmannes markierte den Beginn der Wiederherstellung der Beziehungen zum Westen an vielen Fronten und schien eine neue Ära in den Libyschen-westlichen Beziehungen einzuleiten.

Tatsächlich gab Gaddafi in den 1990er Jahren die finanzielle, materielle und menschliche Unterstützung für die verschiedenen pan-Arabischen und Panafrikanischen Bewegungen auf, insbesondere für die Palästinensischen Gruppen. Stattdessen konzentrierte er sich darauf, Sanktionen gegen Libyen aufzuheben. Einige sagen, er habe die Palästinenser aufgegeben, nachdem Yasser Arafats Palästinensische Befreiungsorganisation (PLO) ihn nicht über die geheimen Verhandlungen informiert hatte, die sie mit den Israelis führten und die schließlich zur Unterzeichnung des Oslo I-Abkommens vom 13, September 1993, mit dem Ziel, ein Friedensabkommen zwischen Israel und den Palästinensern zu erreichen. Sein damaliger Paria-Status resultierte hauptsächlich aus Libyens Aktionen zur Unterstützung der Palästinenser.

****

Die Terroranschläge vom 11. September 2001 in den USA würden die geostrategische Landschaft der Welt verändern, insbesondere als George W. Bush, der 43. Präsident der Vereinigten Staaten von Amerika, erklärte: „Entweder Sie sind bei uns oder Sie sind gegen uns". Kurz nach diesen Angriffen wurde in großen Kreisen geflüstert, dass die USA beabsichtigten, die Regime in den Ländern zu stürzen, die George Bush als "Achse des Bösen" beschuldigt hatte, darunter Iran, Irak, Nordkorea, Kuba, Libyen, Sudan und Syrien. Als Libyen im Dezember 2003 friedlich mit den USA beschloss, sein Massenvernichtungswaffenprogramm, einschließlich eines jahrzehntealten Nuklearwaffen Programms, zu beseitigen, bezweifelten viele Menschen die Behauptung des Libyschen Führers, er wolle die Abschaffung des Programms, weil er keine Terroristen wollte, besorgen Sie sich diese Waffen. Stattdessen hielten sie fest, dass Gaddafi sein Programm von Massenvernichtungswaffen aufgrund von Drohungen der Vereinigten Staaten von Amerika, die er nicht ertragen konnte, losgeworden sei, und dass er hatte, nachgegeben den Amerikanischen Forderungen nachgegeben habe, nur um sie zu beschwichtigen.

Viele Qaddafi-Kritiker waren nicht erfreut darüber, dass der Libysche Führer in den westlichen Hauptstädten willkommen geheißen wurde. Als der italienische Premierminister Silvio Berlusconi öffentlich prahlte, dass er zu den engen Freunden Gaddafis gehörte, fragten sich viele Kritiker des Libyschen Starken, ob die neu entdeckte Freundschaft zwischen Gaddafi und dem Westen nicht auf Geschäften und dem Zugang zu Libyschem Öl beruhte.

Jahrelang vermischten sich Gaddafis Söhne und insbesondere sein Sohn und Erbe, Seif al-Islam Gaddafi, frei mit der Londoner High Society und anderen High Society in verschiedenen Teilen Europas und Amerikas. Als ob die Vereinten Nationen Libyen und seinen starken Mann dafür belohnen wollten, "ihre Wege zu ändern", lockerten sie 2001 die Sanktionen gegen Libyen, was es ausländischen Ölunternehmen leicht machte, lukrative neue Verträge abschließen, um im Land frei zu agieren. Das Ergebnis war nicht nur eine massive Kapitalzufuhr nach Libyen, sondern auch eine

Verbesserung des Lebensstandards, mehr Freiheit im Land und mehr Kontakt mit der Außenwelt.

Als einige Araber Gaddafi beschuldigten, Israel durch Entwaffnung einen stärkeren strategischen Vorteil in der Region zu verschaffen, der US-Doktrin des Präventivkrieges Glauben zu schenken und keine Sicherheitsgarantien für Libyen und die Arabische Welt zu erhalten, antworteten die Libysche Regierung und ihre Anhänger antwortete, dass im aufgeben seines Atomwaffenprogramms durfte Libyen in die Mitte der internationalen Staatengemeinschaft zurückkehren, einen vorübergehenden Sitz im Sicherheitsrat der Vereinten Nationen erhalten und etwas Geld für Investitionen in das Libysche Volk und in die Entwicklung des Landes sparen.

2010: Gaddafi und andere Afrikanische Staatsoberhäupter

Viele Gaddafi-Anhänger, insbesondere in Afrika, sind der

Ansicht, dass Gaddafi den wirtschaftlichen Aufschwung Libyens zum politischen Kapital auf dem Kontinent umgewandelt und die rasche Verwirklichung einer Afrikanischen Wirtschaftsunion mit einer von Gold gesicherten Währung namens Dinar vorantrieb,

etwas das effektiv beschnitten hätte Frankreichs dominierende neokolonialistische Rolle im frankophonen Afrika; und infolgedessen wurde er in den Augen Frankreichs und seiner westlichen Verbündeten unerträglich. Seine Kritiker sind jedoch der Ansicht, dass seine diktatorische Herrschaft, seine Hartnäckigkeit und seine Unfähigkeit, sich auf das Verlangen nach Demokratie und Freiheit einzustellen, den Protest gegen seine Herrschaft auslösten, eine Forderung nach einer grundlegenden Änderung des Systems, das degenerierte zu einem Aufstand und dann zu einem Bürgerkrieg.

2007: Gaddafi und der französische Präsident Nicolas Sarkozy

****

Qaddafi dachte zunächst, dass der Arabische Frühling, der im Januar 2011 in Libyens östlichem Nachbarn Tunesien begann und sich dann im nächsten Monat auf seinen westlichen Nachbarn Ägypten der nächste Monat, was zum Sturz von Zine El Abidine Ben Ali und Hosni Mubarak aus Tunesien und Libyen beziehungsweise, würde Libyen umgehen. Das war aber nicht der Fall. Er war seit vier Jahrzehnten an der Macht und konnte für die Opposition nicht unempfindlich sein. Die politischen Veränderungen in den östlichen und westlichen Nachbarn Libyens die Moral der Bürger der verschiedenen arabischen Länder zum Protest angehoben. In Libyen kam es zu Demonstrationen in der östlichen Stadt Bengasi, Libyens zweitgrößter Stadt, die für ihre Oppositionsgeschichte gegen die Hauptstadt Tripolis bekannt ist. Es verbreitete sich dann in ganz Libyen, trotz der Zuckerbrot und Peitsche Maßnahmen, die das Gaddafi-Regime ergriffen, hatte, um die Situation zu entschärfen.

Gaddafis frühe unentschlossene Maßnahmen ermutigten die Demonstranten und die Pattsituation degenerierte schnell zu einem bewaffneten Aufstand. Seine Kritiker warfen ihm vor, die Situation zu eskalieren, eine blutige Unterdrückung durchzuführen und ausländische Söldner einzusetzen. Gaddafi seinerseits behauptete, die

Demonstranten seien Verräter, Ausländer, Al-Qaida-Anhänger und Drogenabhängige. Er forderte seine Anhänger auf, den Kampf gegen den neuen Widerstand fortzusetzen.

Bis Ende Februar 2011 hatten die Rebellen ein Regierungsgremium mit dem Namen *National Transitional Council* gebildet. Ende März begann eine von Frankreich geführte NATO-Koalition, die Rebellen zu unterstützen in Form von Luftangriffen und unterstützen Flugverbotszone mit logistischer Unterstützung durch die USA. Die militärische Intervention der NATO in den nächsten sechs Monaten würde die Libysche Luftwaffe zerstören und die Streitkräfte des Landes dezimieren, so dass die meisten der für Gaddafi kämpfenden Personen Menschen waren, die keine Verbindung zur regulären Armee hatten. Die Angriffe der NATO erwiesen sich als entscheidend, als eine Libysche Stadt nach der anderen in die Hände der Rebellen fiel und als ein Luftangriff Gaddafis jüngsten Sohn Saif al-Arab Qaddafi und drei seiner Enkelkinder, während der libysche Führer und seine Frau Safiya an einem Treffen von Familie und Freunden teilnahmen, das von ihrem Sohn Said al-Arab veranstaltet wurde.

Als der Internationale Strafgerichtshof im Juni 2011 Haftbefehle gegen Gaddafi, seinen Sohn Seif al-Islam und seinen Schwager wegen Verbrechen gegen die Menschlichkeit ausstellte, war der Welt klar, dass die Machthaber Gaddafi endgültig desavouiert hatten und dass es gab keine Zukunft für sein Regime. Als einen Monat nach der Anklageerhebung mehr als 30 Länder den NTC als legitime Regierung Libyens anerkannten, war davon auszugehen, dass Gaddafi den Bürgerkrieg verloren hatte.

Tripolis, die Hauptstadt, fiel Ende August 2011 an die Rebellen, was ein symbolisches Ende von Gaddafis Herrschaft bedeutete, als er sich nach Sirte, seiner Heimatstadt, zurückzog, obwohl die meisten seiner Feinde nicht sicher sagen konnten, wo er war. Er hatte praktisch die Kontrolle über Libyen verloren, sein Aufenthaltsort konnte jedoch nicht ermittelt werden.

Stammes- und ethnische Karte von Libyen

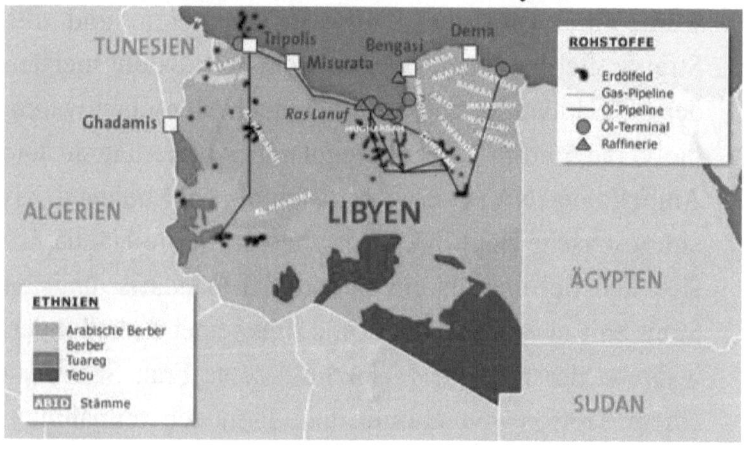

Als die Welt am 20. Oktober 2011 erfuhr, dass Muammar al-Gaddafi in seiner Heimatstadt Sirte, Libyen, gestorben war, nachdem ein NATO-Luftangriff auf seinen Konvoi ihn gezwungen hatte, sich in einem Graben zu verstecken, von wo er von Rebellenkämpfern entdeckt wurde, die ihn dann töteten; Viele Menschen empfanden die Nachricht als beunruhigend. Es tauchten jedoch Videos auf, in denen gezeigt wurde, wie Gaddafis blutiger Körper von Rebellenkämpfern herumgeschleppt wurde, dann sein toter Körper, die letzten Live-Momente seines anderen Sohnes Mutassim Gaddafi und später Mutassims lebloser Körper, nachdem er hingerichtet worden war.

Während sich die Nachricht von Gaddafis Tod verbreitete und viele Libyer auf die Straße trieb, um das zu feiern, was viele von ihnen als Höhepunkt ihrer Revolution und als Beginn eines neuen Kapitels in ihrer Geschichte bezeichneten, sahen andere dies als Beweis dafür, dass ehemaligen Kolonialmächten, die nicht Interessen des Libyschen Volkes von Herzen, hatten gelungen war, ein großes Bollwerk gegen die weitere oder kontinuierliche Ausbeutung und Kontrolle Libyens und Afrikas durch Ausländer zu besiegen. Dieses Gefühl war im Nahen Osten und insbesondere in Afrika zutiefst zu spüren, wo viele Menschen in den Ländern davon erfahren hatten, dass Gaddafi Gold und Silber im Wert von mehr als 7 Milliarden US-Dollar eingelagert hatte, mit denen er eine Pfanne aufbauen wollte - Afrikanische Währung basierend auf dem Libyschen Golddinar, einer Währung, die den frankophonen Afrikanischen Ländern eine alternative Währung zum Französischen Franc (CFA) zur Verfügung gestellt hätte, die in vielen Kreisen als eines der Instrumente der Französischen Ausbeutung und Strangulation seiner ehemaligen Kolonien und Gebiete in Afrika.

Post-Qaddafi Division von Libyen durch Bewaffnete Fraktionen 2016

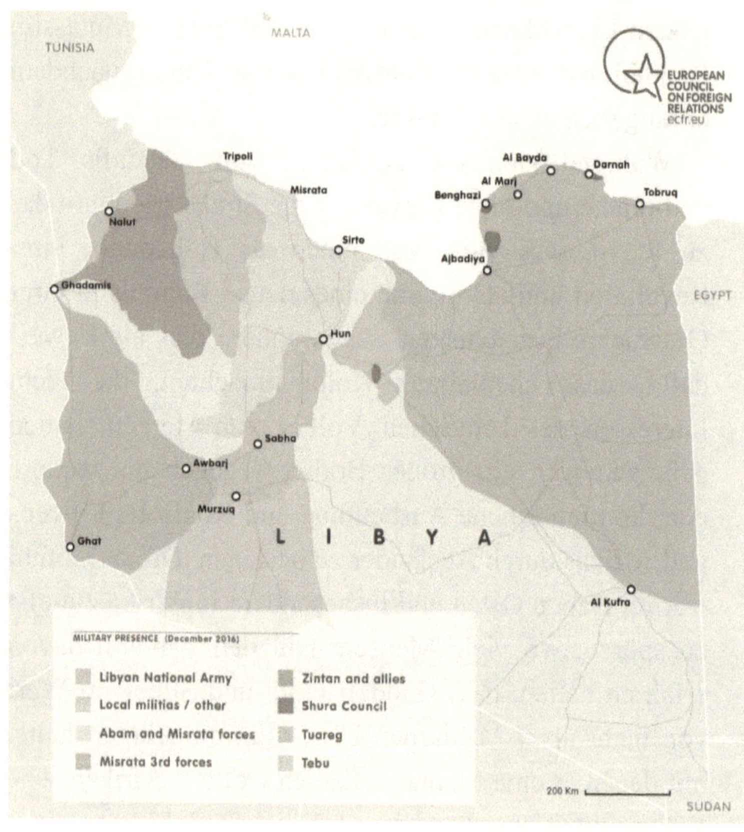

Libyen Heute

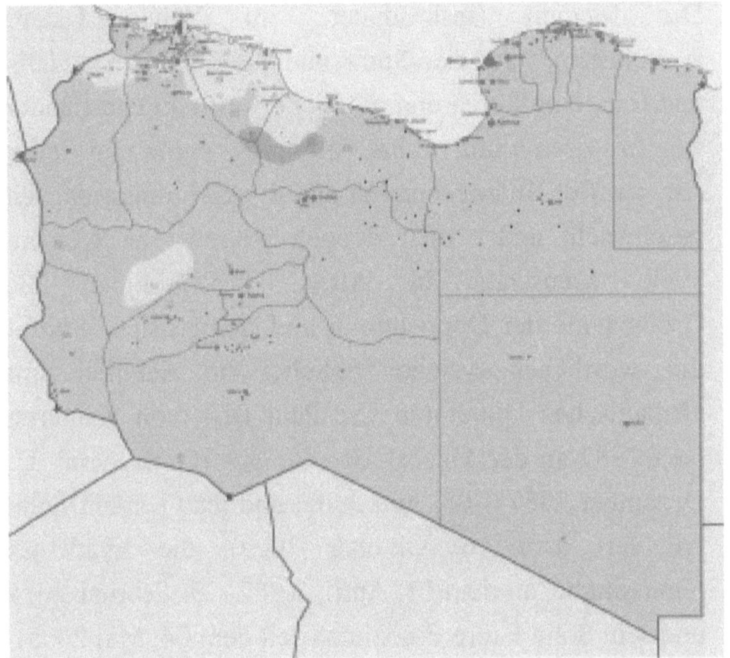

Gebiete, die von der Libyschen Nationalarmee kontrolliert werden

Vom Libyschen Schild kontrollierte Gebiete (der Regierung der nationalen Einheit unterstellt)

Von Rebellen kontrollierte Gebiete (der Regierung der nationalen Rettung unterstellt)

Gebiete, die vom Islamischen Staat kontrolliert werden

Gebiete, die von den Mudschaheddin-Sowjets kontrolliert werden, die Shura in Derna, Bengasi und Ajdabiya

Gebiete, die von örtlichen Streitkräften kontrolliert werden

Von Tuareg kontrollierte Gebiete

Die Medien (insbesondere im Nahen Osten) spekulierten, dass der Sturz und die Tötung Gaddafis den Iran, Nordkorea und möglicherweise andere Länder zögern lassen würden, ihre Atomprogramme und / oder Atomwaffen aufzugeben, da das Risiko besteht, danach geschwächt und / oder doppelt gekreuzt zu werden. Viele Menschen in Afrika beschuldigten die Großmächte der Doppelmoral und fragten sich, warum die westlichen Mächte Schulter an Schulter mit afrikanischen Diktatoren wie Paul Biya von Kamerun (seit 1982 an der Macht), den Bongos (Omar, vom 02. Dezember 1967 – 08. Juni 2009, und jetzt seinem Sohn Ali seit dem 16. Oktober 2009), die Eyademas (Gnassingbé, ab dem 14. April, 1967 – 5. Februar 2005 und sein Sohn Faure Essozimna seit dem 04. Mai 2005), Diktatoren, die ihr Volk verarmten, sind verabscheut in ihren Gesellschaften, und sind Wahlen schamlos manipulieren, um an der Macht zu bleiben — ein Sakrileg für die Demokratie, dem ihre Puppenspieler ein Auge zudrücken oder den sie segnen.

Da Libyen nach Gaddafi acht Jahre nach seinem Tod weiterhin in Gewalt verwickelt ist, bewaffnete Islamisten das Land unregierbar machen, Warlords und bewaffnete Milizen im Überfluss vorhanden sind und eine Situation schaffen, die Libyen zu einer Ansammlung von Lehen macht, da zwei rivalisierende Regierungen im Land regieren, fragen sich viele, ob Libyen in absehbarer Zeit in der Lage sein würde, ein funktionierendes System zu entwickeln, das besser ist als die Herrschaft der stark fehlerhaften, Machthungriger, rücksichtsloser, aber patriotischer Muammar al-Gaddafi, der es versäumt hat, ein friedliches Erbe zu hinterlassen, das von zukünftigen Generationen nachgeahmt werden könnte, ein Versagen, das es den ausländischen Kräften, die er inbrünstig aus Libyen heraushalten wollte, ermöglicht, freie Hand bei der Gestaltung oder Nichtgestaltung der Zukunft des Landes.

Der Welleneffekt des libyschen Bürgerkriegs breitete sich in Nord- und Westafrika aus, als Tausende von Kämpfern, meist ethnische Tuareg aus Mali und Niger, die während des Konflikts entweder Gaddafi oder den NTC unterstützten, mit einer breiten Palette von Waffen und Munition in ihre Heimatländer zurückkehrten und in Niger eine Spur ziviler Konflikte auslösten. Mali, Algerien, Nigeria, Kamerun, Tschad und die Zentralafrikanische Republik. Heute gibt es wenig Geschrei nach einer Afrikanischen Wirtschaftsunion, da kein anderes afrikanisches Staatsoberhaupt nach dem Tod Gaddafis die Bemühungen angeführt hat und den Kontinent heute als letzte Grenze in einem neuen Streben der Industriemächte der Welt nach der Sicherung schnell schwindender Ressourcen zurückgelassen hat.

Demokratie Index Karte von Afrika

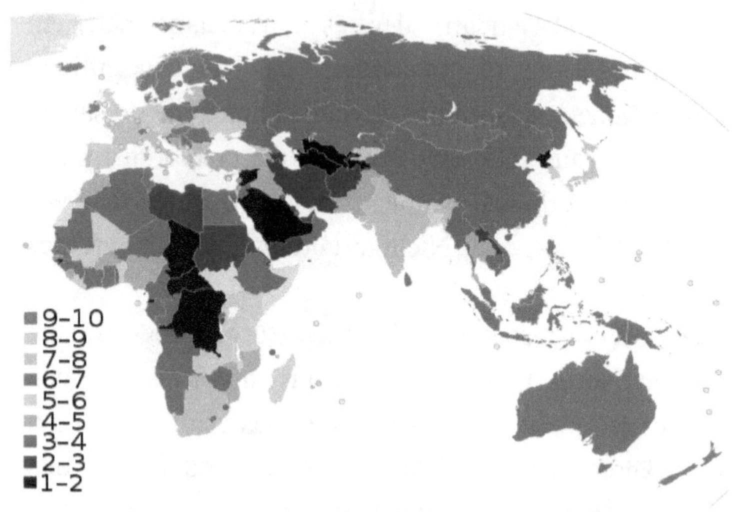

Demokratie Index: Afrika und die Welt

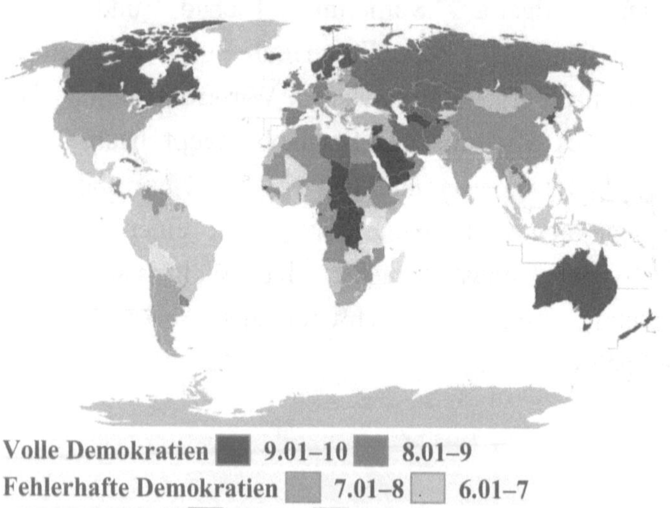

Kapitel Fünf

Anwar al-Sadat

Zitate von Anwar al-Sadat

„Frieden ist viel kostbarer als ein Stück Land ... es sollte keine Kriege mehr geben."

„Wer das Gewebe seines Denkens nicht ändern kann, wird niemals in der Lage sein, die Realität zu ändern."

„Es kann nur Hoffnung für eine Gesellschaft geben, die als eine große Familie fungiert, nicht als viele getrennte."

„Die meisten Menschen suchen nach dem, was sie nicht besitzen, und werden von den Dingen versklavt, die sie erwerben möchten."

„Angst ist meines Erachtens ein äußerst wirksames Mittel, um die Seele eines Individuums zu zerstören, und die Seele eines Volkes."

„Großes Leid hat einen Silberstreifen, für den wir dankbar sein können, weil es einen Menschen aufbaut und ihn in die Reichweite der Selbsterkenntnis bringt."

„Dieser [Fundamentalismus] ist keine Religion. Es ist Obszönität. Dies sind Lügen, der kriminelle Einsatz religiöser Macht, um Menschen in die Irre zu führen. "

„Es gibt kein Glück für Menschen auf Kosten anderer Menschen."

„Ich glaube, dass ein Mann für den Frieden alles in seiner Macht Stehende tun kann oder sollte. Nichts auf dieser Welt könnte höher stehen als der Frieden."

„Wenn Sie nicht in der Lage sind, sich selbst und deine eigenen Gesinnung zu ändern, Kann nichts in Ihrer Umgebung geändert werden."

„Russen können Ihnen Waffen geben, aber nur die Vereinigten Staaten können Ihnen eine Lösung geben."

„Ich kümmere mich nicht um sozial erkennbare Erfolge. Ich schätze nur den Erfolg, den ich in mir spüre, der mich befriedigt und das ergibt sich aus Selbsterkenntnis. "

„Lieben heißt geben und geben heißt bauen, hassen heißt zerstören. "

„Ich wurde erzogen, um zu glauben, dass es wichtiger ist, wie ich mich selbst sehe, als wie andere mich sehen."

„Es soll keinen Krieg oder kein Blutvergießen mehr zwischen Arabern und Israelis geben. Lass es kein Leiden oder Verleugnen von Rechten mehr geben. Lass es keine Verzweiflung und keinen Glaubensverlust mehr geben. "

„Echter Erfolg ist Erfolg mit sich selbst. Es geht nicht darum, Dinge zu haben, sondern um Meisterschaft, um den Sieg über sich selbst. "

„Glaube bedeutet, dass ein Mann jede Katastrophe einfach als einen schicksalsbestimmten Schlag ansehen sollte, der ertragen werden muss."

„Nur wenn er aufgehört hat, Dinge zu brauchen, Kann ein Mann wirklich sein eigener Herr sein und so wirklich existieren."

„Die Erde ist unsterblich, denn es birgt die Geheimnisse der Schöpfung."

„Lassen Sie jedes Mädchen, jede Frau, jede Mutter hier [in Israel] und dort in meinem Land [Ägypten] wissen, dass wir alle unsere Probleme durch Verhandlungen am Tisch lösen werden, anstatt einen Krieg zu beginnen."

Ägypten auf einer Weltkarte

Teilung Karte von Afrika: 1884-1914

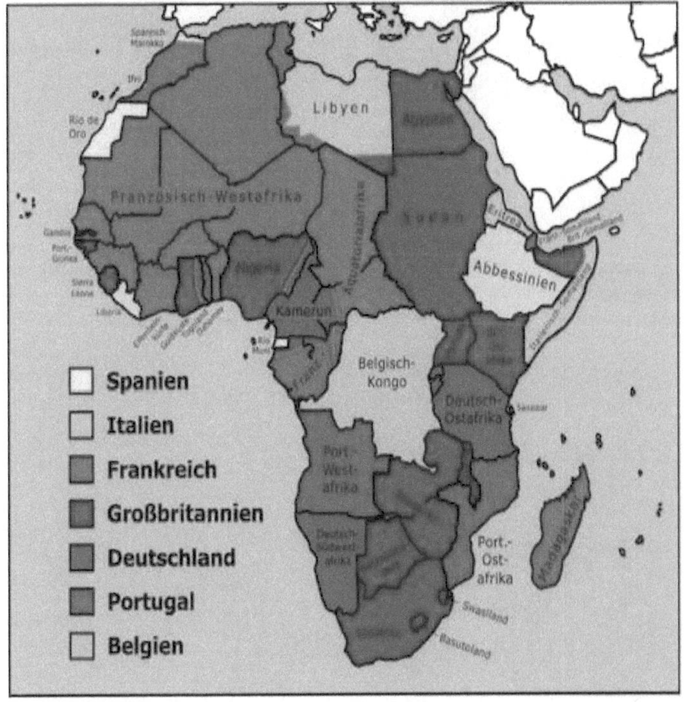

Unabhängigkeits Karte der Afrikanischen Länder

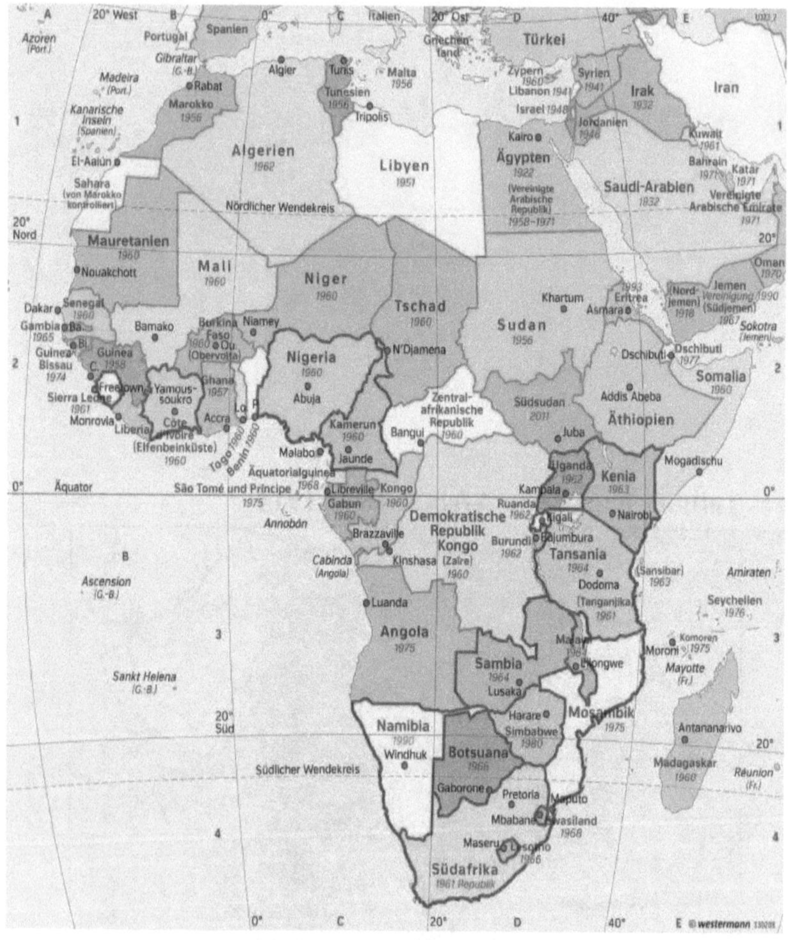

Politische Karte der Afrikanischen Länder

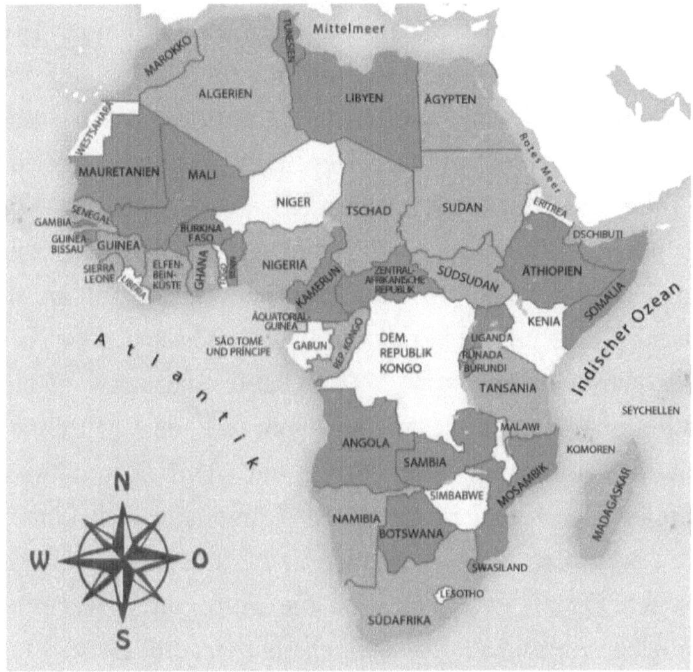

Demokratie Index Karte von Afrika

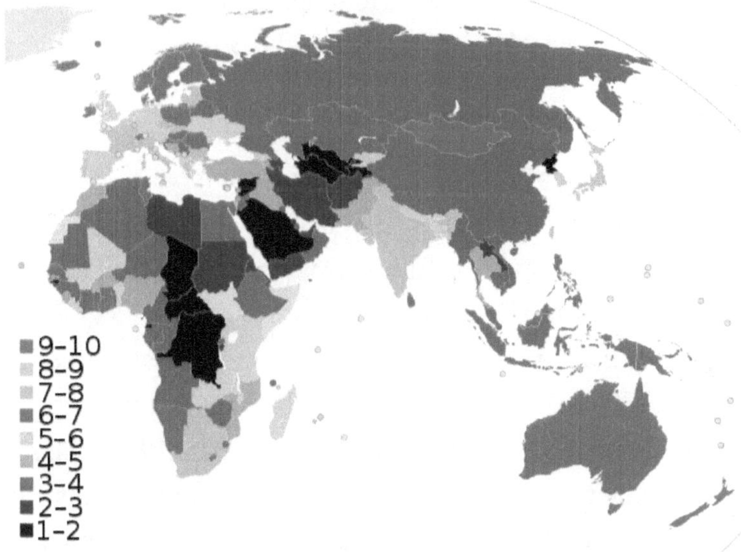

Muhammad Anwar as-Sadat wurde am 25. Dezember 1918 in Ober Ägypten in einer Familie mit 13 Kindern geboren und wuchs 40 Meilen nördlich von Kairo auf, als Ägypten ein Britisches Protektorat war. Der Status Ägyptens unter der Kontrolle des Britischen Empire ergab sich aus der lähmenden Verschuldung, die die Ägyptische Regierung zwang, ihre Anteile am Französischen Suezkanal an die Britische Regierung zu verkaufen.

Der zwischen 1859 und 1869 gebaute Suezkanal ist eine künstliche Wasserstraße in Ägypten, die das Mittelmeer durch die Landenge von Suez mit dem Roten Meer verbindet. Der Kanal bietet Wasserfahrzeugen eine kürzere Fahrt zwischen dem Nordatlantik und dem nördlichen Indischen Ozean, wodurch sich die Fahrt um etwa 7.000 Kilometer verringert. Tatsächlich hatten die Briten und Franzosen die Ressourcen des Kanals genutzt, um eine ausreichende politische Kontrolle über Ägypten zu erlangen, so dass es logisch war, Ägypten als Britische Kolonie zu bezeichnen.

Sadat würde von vier Figuren in seinem frühen Leben stark betroffen sein:

- Zahran aus Sadats Heimatdorf, der von den Briten wegen eines Aufruhrs erhängt wurde, bei dem ein Britischer Offizier starb
- Kemal Atatürk, der den modernen Staat Türkei aus der Asche des Osmanischen Reiches schuf
- Mohandas (Mahatma) Gandhi, der 1932 während einer Ägyptenreise die Gewaltfreiheit bei der Bekämpfung von Ungerechtigkeiten gepredigt hatte

- und schließlich Adolf Hitler, der ursprünglich von Sadat als jemand angesehen wurde, der helfen konnte, Ägypten von der Britischen Kolonialkontrolle zu befreien.

Als die Briten 1936 nach einem Abkommen mit der Ägyptischen Wafd-Partei eine Militärschule in Ägypten gründeten, wurde Sadat einer ihrer ersten Schüler. Nach seinem Abschluss entsandte ihn die Regierung in den Sudan, wo er Gamal Abdel Nasser traf, mit dem sie zusammen mit mehreren anderen Junior-Offizieren die geheimen Freien Offiziere bildeten. Es war eine revolutionäre Bewegung, die Ägypten und den Sudan von der Herrschaft der Briten und der Korruption der Monarchie befreien sollte. Diese politische Vereinigung würde sie schließlich zur Ägyptischen Präsidentschaft führen.

Sadat würde wegen seiner revolutionären Aktivitäten während des Zweiten Weltkriegs zweimal inhaftiert werden. Dies war genau für seine Bemühungen, Hilfe von den Achsenmächten (Italien und Deutschland) zu erhalten, um die Briten zu vertreiben. Nach seiner Entlassung aus dem Gefängnis stellte er erneut eine Verbindung zu Nasser her und stellte fest, dass ihre Bewegung in den Jahren, in denen er inhaftiert war, erheblich zugenommen hatte. Am 23. Juli 1952 stürzte die Organisation der Freien Offiziere König Farouk und beendete die Ägyptische Monarchie mit einem Militärputsch, der die Ägyptische Revolution von 1952 auslöste. Danach wurde er Nassers Öffentlichkeitsarbeit-Minister und vertrauenswürdiger Leutnant. Der fleißige und fokussierte Sadat würde Nassers Auftrag erfüllen, die offizielle Abdankung von König Farouk zu überwachen.

In Nassers Regierungsjahren lernte Sadat das gefährliche Spiel des Nation-Building in einer Welt der Supermacht-Rivalitäten. Sie führten Ägypten werden ein "nicht ausgerichteter Staat" und machten das Nord Afrikanische Land zu einer der führenden Nationen, zu denen unterentwickelte und postkoloniale Gesellschaften aufschauten zu. Nasser und Sadat würden den Krieg von 1956 überleben, nachdem Nasser den Suezkanal verstaatlicht hatte. Dies veranlasste die Briten, die Franzosen und die Israelis, einen Angriff auf Ägypten zu starten, um die Kontrolle über den Kanal aus Ägyptischer Hand zu erringen. Der Krieg von 1956 würde erst enden, nachdem die Vereinigten Staaten von Amerika Großbritannien, Frankreich und Israel gezwungen hatten, ihre Streitkräfte aus Ägypten abzuziehen. Die beiden Genossen zapften den Krieg so weit an, dass Ägypten aus diesem Krieg als Verfechter der blockfreien Länder hervorging, für den Widerstand gegen die großen Mächte.

****

Nassers Vorragen wurde durch das Debakel des Sechs-Tage-Krieges von 1967 geschlagen, als das israelische Militär die ägyptischen Luftstreitkräfte vollständig zerstörte und die ägyptische Armee kampfunfähig machte, indem es mindestens 3.000 Soldaten tötete und die Sinai-Halbinsel bis zum Suezkanal besetzte. Der Ausgang des Krieges belastete die ägyptische Wirtschaft und brachte die Regierung fast in den Bankrott. Noch entmutigender für Nasser war die wachsende Uneinigkeit zwischen den zerstrittenen arabischen Nationen und den wachsenden palästinensischen Bewegungen. Sein Tod am 29. September 1970 an einem Herzinfarkt war auf seinen sich verschlechternden Gesundheitszustand zurückzuführen, der durch die Niederlage Ägyptens im arabisch-israelischen Krieg von 1967 verursacht wurde.

Die Karte nach dem Sechs-Tage-Krieg

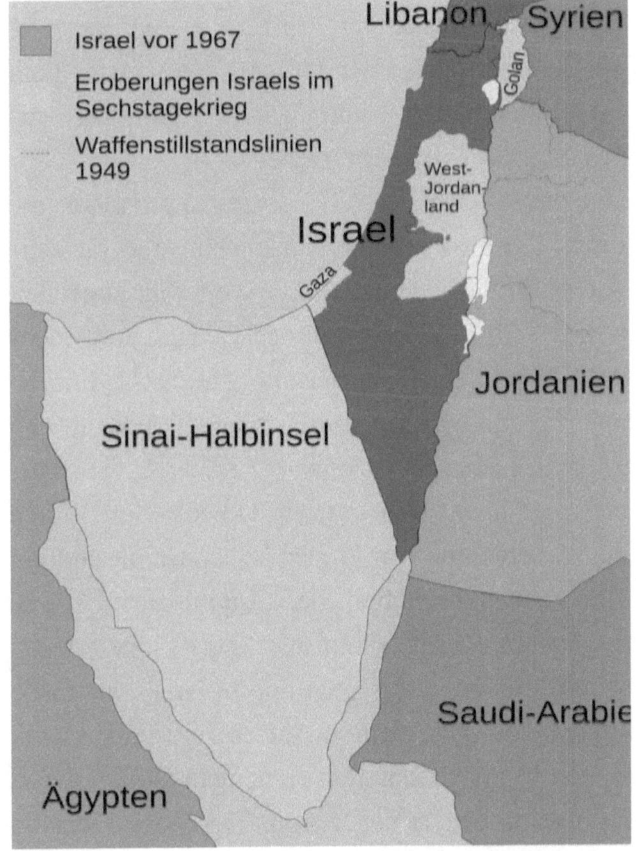

Von einigen hochrangigen Ägyptern "Nassers schwarzer Pudel" genannt, wurde Sadat unterschätzt, als er Nasser nachfolgte. Er erwies sich jedoch in den nächsten 11 Jahren als kluger Anführer seines Volkes. Als er den Israelis offen einen Friedensvertrag im Austausch für die von Israel im Krieg von 1967 eroberte Sinai-Halbinsel anbot, waren viele, insbesondere in der arabischen Welt, überrascht. Dennoch würde er die innenpolitische Krise und die internationalen Intrigen überwinden, die seine Präsidentschaft plagten. Er würde die Sowjetunion dazu bringen, ihn ernst zu nehmen, indem er sie vertrieb, nachdem sie die erschöpften Militärvorräte Ägyptens nicht wieder aufgefüllt hatten, und dann würde er die Beziehungen zu ihnen wieder herstellen.

Als Sadat am 6. Oktober 1973 Israel angriff, um die Sinai-Halbinsel zurückzuerobern, nachdem der jüdische Staat die Ägyptische Friedensinitiative weiterhin abgelehnt hatte, war dies sein größtes militärisches und politisches Glücksspiel. Es sich beinahe ausgezahlt, da die Ägyptische Armee dank hervorragender militärischer Präzision den Suezkanal zurück in den Sinai überquerte und die Israelische Armee in die Wüste trieb. Obwohl die Erfolge während des Krieges nur von kurzer Dauer waren und ein Großteil der Errungenschaften der Ägyptischen Armee rückgängig gemacht wurde, schuf der Angriff einen neuen Impuls für den Frieden in Ägypten und in Israel, als beide Staaten kriegsmüde aus dem Krieg hervorgingen, mit angeschlagenen Volkswirtschaften und einem Gefühl dafür, wie nahe sie dem Untergang waren. Der Krieg weckte jedoch die Aufmerksamkeit und die Besorgnis der internationalen Gemeinschaft, insbesondere der Vereinigten Staaten von Amerika, die eine größere Instabilität im Nahen Osten und in NordAfrika befürchteten.

****

Sadat kam aus dem Krieg in der Überzeugung, dass der Frieden mit Israel eine enorme "Friedensdividende" ernten würde, und so initiierte er sein wichtigstes diplomatisches Glücksspiel, indem er 1977 in einer Rede vor dem ägyptischen Parlament bekräftigte, dass er überall hingehen würde, um ein Friedensabkommen mit den Israelis auszuhandeln, sogar vor dem israelischen Parlament. Die Israelis nahmen ihn bei seinen Worten mit der Aufforderung an, genau das zu tun — sprechen Sie das Israelische Parlament an, das als Knesset bekannt ist, etwas, das er Tat, und so initiierte er Sie so einen neuen Impuls für den Frieden, der schließlich zum Höhepunkt führen würde in dem Camp David-Abkommen von 1978 und die Unterzeichnung eines endgültigen Friedensvertrages zwischen Ägypten und Israel im Jahr 1979. Er und der israelische Premierminister Menachem Begin würden in diesem Jahr den Friedensnobelpreis für ihre Bemühungen um die Verwirklichung des Friedens zwischen ihren beiden Staaten erhalten.

Der 26. März 1979, Unterzeichnung des historischen Friedensvertrages zwischen Israel und Ägypten im Weißen Haus in Washington DC: Von links nach rechts: Anwar Sadat, Jimmy Carter, Menachem Begin

Obwohl der Friedensvertrag mit Israel es Ägypten ermöglichte, den Sinai zurückzubekommen, und obwohl das Land Hilfe vom Westen in Form von Auslandshilfe erhält, insbesondere von den Vereinigten Staaten von Amerika, Hilfe, die der ägyptischen Wirtschaft geholfen hat, sich zu erholen und sogar zu gedeihen, Ägypten wurde vom Rest der Arabischen Welt gemieden. Die Gemütlichkeit Sadats mit dem Westen und der Friedensvertrag mit Israel erregten auch inländische Opposition, insbesondere unter den fundamentalistischen muslimischen Gruppen des Landes. Obwohl er das Alltagsleben der einfachen Ägypter verbesserte, obwohl er die Scharia zur Grundlage aller neuen Ägyptischen Gesetze machte und obwohl er versuchte, die Ruhe der Nation wiederherzustellen, indem er Gesetze erließ, die den Protest verbieten, würde der muslimische Fundamentalist nicht zufrieden sein.

Es war diese Unzufriedenheit, die am 6. Oktober 1981 zur Ermordung Sadats während einer Militärparade führte, die die erfolgreiche Suez-Überquerung durch die Ägyptische Armee während des Krieges gegen Israel 1973 feierte. Sein Vizepräsident Hosni Mubarak würde seine Nachfolge antreten.

Drei Amerikanische Präsidenten — Gerald Ford, Jimmy Carter und Richard Nixon würden an Sadats Beerdigung teilnehmen. Das einzige Arabische Staatsoberhaupt, das dem ermordeten Ägyptischen Führer seine letzte Ehre erwies, war Jaafar Nimeiry aus dem Sudan, ein Schachzug, der ihn viel kosten würde, da er am 6. April 1985 von Islamisten gestürzt würde.

Obwohl Sadats kühner Schritt, Frieden mit Israel zu schließen, ihn das Leben kostete und zum Ausschluss Ägyptens aus der Arabischen Liga führte, öffnete er die Tür für künftige Verhandlungen zwischen Israel und dem Rest der Arabischen Welt und ermöglichte die 1993 Oslo-Abkommen zwischen Israel und Palästinensische Befreiungsorganisation (PLO). Die Unterzeichnung des Friedensvertrags zwischen Israel und Jordanien im Jahr 1994, der Jordanien zum zweiten Arabischen Land machte, das Frieden mit Israel, verdankt viel dem bahnbrechenden Frieden, zu dem Sadat geführt hat Ägypten unterschreibe mit Israel. Sadats Vision von Frieden zwischen Israel und der arabischen Welt würde am 13. August 2020 einen weiteren Schritt nach vorne machen, als eine von den

Vereinigten Staaten geführte Vermittlung dazu führte, dass die Vereinigten Arabischen Emirate (VAE) normale Beziehungen zu Israel aufnahmen, durch den Abschluss der „Friedensabkommens von Abraham: Friedensvertrag, diplomatische Beziehungen und vollständige Normalisierung zwischen den Vereinigten Arabischen Emiraten und dem Staat Israel", auch „Abraham-Abkommen" genannt. Dem Abkommen folgte am 15. September 2020 die Unterzeichnung eines Friedensvertrages zwischen Israel und den Vereinigten Arabischen Emiraten. Damit schlossen die Vereinigten Arabischen Emirate als drittes Land der arabischen Welt nach Ägypten und Jordanien Frieden mit Israel und mit ihm in wirtschaftlichen Fragen, in der Diplomatie und an anderen Fronten zusammenarbeiten.

Heute hat Israel nicht-diplomatische Beziehungen zu mehreren anderen Arabischen Ländern aufgebaut und wird von mehreren muslimischen Ländern anerkannt.

Sadat wird in Malaysia geehrt, wo er ist ein Ehrengroßkommandant des Ordens des Verteidigers des Reiches ist.

****

Es ist fast vier Jahrzehnte nach dem Tod von Anwar Sadat. Wenn Sie jedoch die Ägypter, die ihn kannten, seine

Herrschaft erlebten oder etwas über seine Lebensgeschichte erfuhren, fragen, was sie über sein Leben und seinen Tod denken, erhalten Sie wahrscheinlich gemischte Reaktionen als Antwort auf einige der Ansichten über einen faszinierenden Mann, der führte ein komplexes Land während einer komplizierten Periode in der Geschichte der problematischsten Region der Welt. Die Emotionen, die Sie auf ihren Gesichtern sehen werden, sind jedoch diejenigen, die Respekt, Dankbarkeit und Schmerz widerspiegeln.

Die meisten, die sich Sadat widersetzten, sind jedoch der Meinung, dass der ermordete ägyptische Führer ein negatives Erbe hinterlassen hat. Sie glauben, er habe die arabische Sache verraten, indem er einen separaten Frieden mit Israel geschlossen hat, ein ägyptisch-israelisches Friedensabkommen, das ihrer Ansicht nach die geopolitische Konfiguration in der Region verändert hat und das nur noch mehr Gewalt in der Zukunft verspricht. Diese Gegner halten auch den von ihm versprochenen Wohlstand nach der Unterzeichnung des ägyptisch-israelischen Friedensvertrags in Camp David in den USA für übertrieben.

Tatsächlich gibt es andere Ägypter, die so weit gehen, die Grundlagen seines Charakters anzugreifen, indem sie behaupten, er sei häufig betrügerisch, eitel und träge gewesen und habe sogar hin und wieder den Possenreißer gespielt, besonders gegenüber seinen Vorgesetzten.

Während die meisten Experten der Meinung sind, dass Sadats Vorgänger Gamal Abdul Nasser die Weichen für die Gründung des modernen Ägyptischen Staates gestellt hat, ist eine andere populäre Ansicht, dass Sadat die Gründung des modernen Ägyptens vollendet und die innere und äußere Entwicklung des Landes geprägt hat — sozioökonomisch und politisch in ein sehr grundlegender Weg, der Ägypten auf eine Flugbahn bringt, von der kaum ein anderer Ägyptischer Führer oder eine andere politische Bewegung abweichen Kann. Und das zu einer Zeit, in der die meisten Arabischen Regime in "moralische und politische Entartung" verfallen waren, und in der Folge Ägypten von seiner bankrotten Politik befreit hatte.

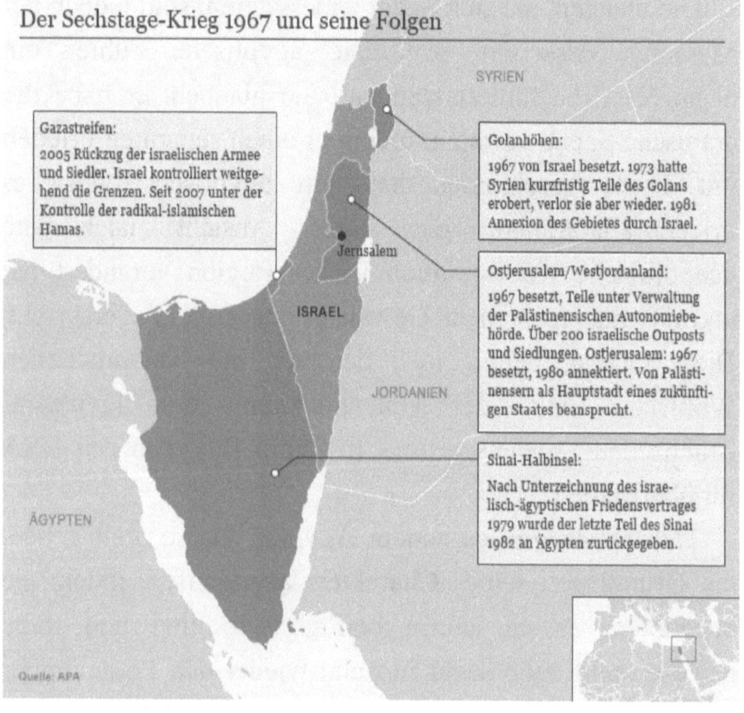

Sadats Kritiker, insbesondere die schärfsten wie die Islamisten (besonders die Muslimbruderschaft), behaupten, er sei repressiv und machen ihn dafür verantwortlich, dass es der Demokratie schwerfällt, Wurzeln zu schlagen und in

Ägypten zu wachsen. Einige von ihnen betrachten ihn sogar als inkompetenten Administrator, der das Gesetz verspottete, indem er seine wirklichen oder eingebildeten Gegner unterdrückte, und der die Korruption in seinen inneren und äußeren Kreisen förderte.

Egal welche Position eine Kritik an Anwar Sadat einnimmt, eine Sache, die nicht bestritten werden kann, ist die Tatsache, dass er ein Ägypten von Gamal Abdul Nasser geerbt hat, das teilweise von Israel besetzt, besiegt, bankrott und stark von der Sowjetunion abhängig war; Und er verließ es als ein Land, das lebendiger und sicherer ist.

Einige Experten glauben, dass Anwar Sadat ein Visionär war, der verstand, dass Frieden mit Israel unvermeidlich war, dass der Rest der arabischen Welt und der Rest der muslimischen Welt eines Tages kommen und Frieden mit Israel schließen würden, und dass je schneller es getan wird, desto besser. Er konnte seine arabischen und muslimischen Amtskollegen zu dieser Zeit nicht davon überzeugen, sich ihm bei seinen Friedensannäherungsversuchen anzuschließen, und so ging er allein und schloss einen Friedensvertrag mit Israel, der Ägypten Dividenden brachte, aber das brachte ihm den Groll der arabischen und muslimischen Welt ein.

Heute steht Anwar Sadat im Recht. Israel ist militärisch, wirtschaftlich und sozial stärker geworden. Seine Einwohnerzahl hat sich fast vervierfacht, und er hat sich im besetzten Westjordanland und auf den Golanhöhen stärker verschanzt als zuvor. Im Gegenteil, die Positionen der arabischen und muslimischen Welt in Bezug auf einen Frieden mit Israel haben sich so weit entwickelt, dass die vorherrschende Ansicht ist, dass sie sich enorm gemildert haben. Die Zerstörung Israels ist keine Mainstream-Position mehr, und frühere Tabuthemen sind nun Gegenstand von Verhandlungen. Es zeigt sich jedoch, dass sich die Realitäten in Israel und den besetzten Gebieten der Golanhöhen, des Gazastreifens und des Westjordanlands täglich zugunsten derjenigen Israelis ändern, die gegen einen Deal sind, der den Handel mit im Krieg von 1967 erobertem Land für Frieden mit ihren Nachbarn vorsieht. Dabei handelt es sich meist um rechte Israelis, die in den 1970er Jahren eine Minderheit waren, deren Zahl aber jeden Tag zunimmt, als ob sie den Aufstieg des Islamismus und die radikalen Parteien in der palästinensischen Bevölkerung widerspiegeln würde, die sich dem Terrorismus verschrieben haben, um das Land zwischen dem Jordan und dem Mittelmeer judenfrei zu machen, in einer Sache, die von der Islamischen Widerstandsbewegung verfochten wird. die abgekürzte Hamas, die im Juni 2007 die Macht von der Palästinensischen Autonomiebehörde im Gazastreifen übernahm (aus dem sich Israel 2005 zurückgezogen hatte) und seitdem dieses palästinensische Gebiet kontrolliert.

Das Maß der Freiheit der Länder der Welt

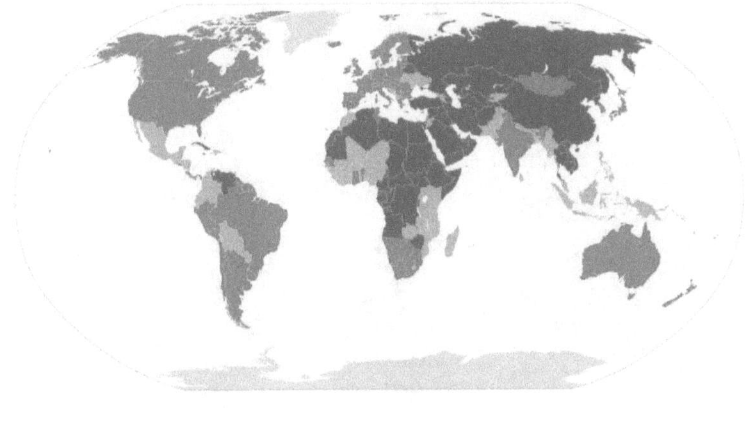

Demokratie Index: Afrika und die Welt

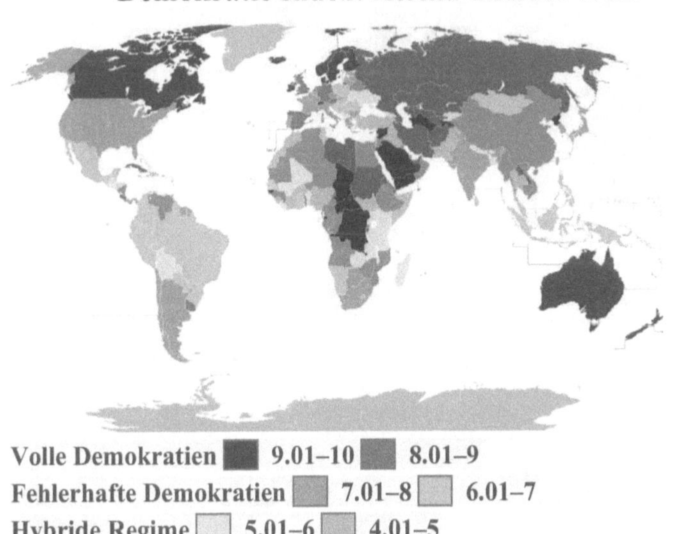

     JANVIER T. CHANDO

Politische Karte der Afrikanischen Länder

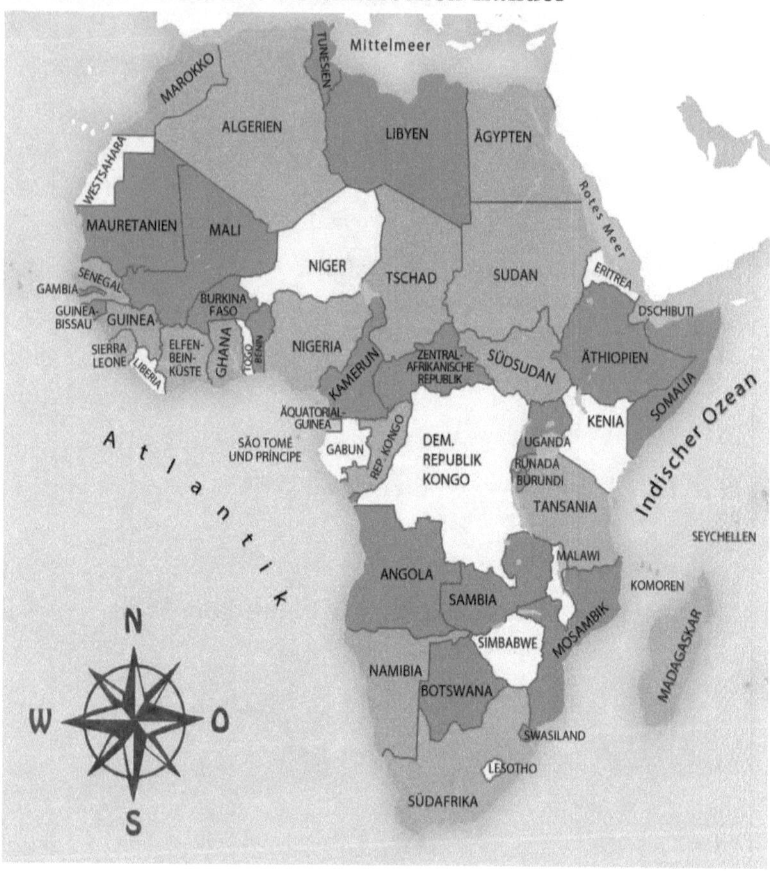